Sitha Werdin

Gemüse-Apotheke

Besuchen Sie uns im Internet:
www.literaricon.com

Mail: order@literaricon.com

Printed in Germany

Cover: germancreative 2020

Fotos: depositphotos Inc.

ISBN 978-3-96506-514-7

Sitha Werdin

Gemüse-Apotheke

Alte und neue Heilrezepte

Literaricon

Inhalt

Teil I
Die Ordnung des Universums

Teil II
Die Apotheke aus der Natur

BLATTGEMÜSE

WURZEL-UND KNOLLENGEMÜSE

GEMÜSEFRÜCHTE

Teil III

Mensch, Umwelt und Natur

Teil I

Die Ordnung des Universums

Öffnen wir die Augen ...

... und schauen wir uns einmal in einem Garten um. Viele von Ihnen werden einen ihr Eigen nennen. Vielleicht gibt es dort, neben Blumen und anderen Pflanzen, auch ein Gemüsebeet mit Salatköpfen, Karotten, Bohnen, Tomaten usw. Nichts schmeckt doch besser als ein selbst angebauter Salatkopf oder die kleinen grünen Erbsen, die man aus den Schoten pulen kann. Und die Karotten, frisch aus der Erde gezogen, schmecken sie nicht einfach köstlich? Darüber hinaus strotzen sie nur so vor Vitaminen, Mineralstoffen und vielen anderen Nährwerten, sind also überaus gesund, besonders, wenn wir sie biologisch angebaut haben.

Wer gesund sein möchte und es auch bleiben will, der esse viel frisches Obst und Gemüse. Das lernen schon unsere Schulkinder. Denn dies stärkt unsere Immunkraft und beugt Infektionen und anderen Erkrankungen vor. Die Nährstoffe von Gemüse stärken nicht nur unser Herz, den Kreislauf und die Verdauungssäfte, sie reinigen auch das Blut und führen zu einem ausgeglichenen Stoffwechsel. Wenn wir jeden Tag viel gesundes Gemüse und Obst auf den Tisch bringen, weniger Fleisch essen und auf raffinierten Zucker am besten ganz verzichten, so führt dies zu besserer Gesundheit aber auch zu mehr innerer Harmonie für Seele, Geist und Körper.

In diesem Buch möchte ich jedoch nicht so sehr über gesunde Ernährung, Vitamine und andere wertvolle Nährstoffe von Gemüse sprechen, sondern mich einem ganz besonderen Thema widmen - den medizinischen Heilanwendungen mit Gemüse.

Heilanwendungen mit Gemüse sind von alters her bekannt und wurden vielfach in alten und antiken Schriften überliefert. Die Römer z. B. wandten begeistert Kohlwickel an und hatten damit nach eigenem Bekunden sehr große Erfolge. Aber auch die Heilkunst mittelalterlicher Klöster beruhte neben der Kräuterheilkunde stark auf Gemüseheilanwendungen.

Das Wissen darum ist, wie ich eben erwähnte, uralt. Leider geriet es im Laufe der letzten Jahrhunderte immer mehr in Vergessenheit und führte - im Gefolge der Errungenschaften der modernen Medizin - nur noch ein Schattendasein. Es wurde zwar auch als »Volksmedizin« beispielsweise in Familien von einer Generation zur nächsten weitergegeben, doch von der Schulmedizin belächelt und abgewertet, geriet dieses Wissen bald in Vergessenheit oder landete in der »Märchenkiste«.

Heilanwendungen mit Gemüse scheinen manchmal etwas »rustikal« und sind teilweise auch aufwändiger als ein Schächtelchen mit Pillen aus der Apotheke oder eine Tube Salbe, die gut riecht und leicht auf die Haut aufzutragen ist. Pharmazeutische Produkte haben aber oft viele Nebenwirkungen und nicht jeder verträgt sie gut. Wenn solche Mittel darüber hinaus nicht immer den ersehnten Erfolg bringen, ist man natürlich enttäuscht. Hier kann dann eine Heilanwendung mit Gemüse ohne Weiteres helfen.

In diesem Buch finden Sie Gemüseanwendungen, deren Heilwirkung Sie überraschen und in Erstaunen versetzen wird. Sie werden nicht glauben wollen, welche Krankheiten oft mit Gemüseheilanwendungen geheilt werden können oder zumindest eine Besserung bewirkt werden kann. Dafür gibt es zahlreiche Beispiele.

Eine richtige Apotheke aus dem Gemüsegarten möchte ich Ihnen vorstellen, und ganz sicher werden auch Sie darin etwas finden können, das vielleicht Ihr »Zipperlein« beseitigt oder auch einer ernsteren Krankheit den Garaus macht. Ich habe für Sie in langen Recherchen viele wunderbare wirksame Gemüseheilrezepte zusammengetragen. Etliche von ihnen habe ich selbst angewandt. Die schnelle Wirkung erschien mir des Öfteren fast wie ein Wunder. Sie hatte jedoch nichts mit Wundern zu tun, sondern beruhte auf der natürlichen Anwendung, die den Körper entgiftete, positiv unterstützte und seine eigenen Heilkräfte förderte.

Die Gemüseheilkraft ist im Grunde genommen ein großes Geschenk, das uns Mutter Erde in den Schoß gelegt hat. Natürlich kann ein Heilungsprozess mit Gemüseanwendungen auch einen längeren Zeitraum in Anspruch nehmen. Hierfür braucht man dann etwas Geduld.

Ein Wort zu Mengenangaben:

Angaben zu Mengen fehlen in alten Rezepten im Allgemeinen sehr häufig und vom Patienten wird oft verlangt, selbst mitzudenken, selbst zu spüren, wann ein Gemüserezept angebracht ist, wie oft er das Mittel anwenden muss, damit es ihm guttut, und wie viel davon nötig ist. Da kann es z. B. heißen: »Man trinke oder wende an, bis es besser geht und das Gebrechen geheilt ist.«

Mit dieser Aussage müssen wir uns begnügen; es kommt darauf an, dass wir wieder selbst herausfinden und lernen, das für uns richtige und geeignete Maß zu erspüren und zu beurteilen. Anders als bei pharmazeutischen Produkten, bei denen es fahrlässig wäre, sich nicht an vorgegebene Anweisungen zu halten, rücken eben bei der Gemüseapotheke die Mitwirkung und die Verantwortlichkeit des Patienten sehr in den Vordergrund. Die Sprache des kranken Körpers zu verstehen und das eigene Gespür für die rechte Anwendung und Dosierung der hierfür angezeigten Gemüseheilanwendungen einzusetzen, sind die maßgeblichen Säulen der Gemüsemedizin.

Kosmische Ordnung und Krankheit

Wir Menschen sind in die Gesetzmäßigkeiten eines großen ganzheitlichen Gefüges eingebunden. Dies sollten wir immer wieder bedenken. Unser Wirtschaftssystem und die ihm dienenden Wissenschaften wie Chemie, Physik, Technik, Pharmazie und auch die Landwirtschaft - alle arbeiten daran, immer mehr und »bessere« Erträge zu erzielen. Es geht in erster Linie nicht darum, gesunde Produkte auf den Markt zu bringen, sondern Produkte, mit denen sich immer höhere Rendite erzielen lassen.

Dass diese lebensfeindliche Entwicklung nicht lange gutgehen kann, liegt auf der Hand - das sagt und schon der gesunde Menschenverstand. Die Infrastruktur unseres Planeten und sein natürliches Gleichgewicht ist ins Wanken geraten. Die verheerenden Folgen durch Luftverschmutzung, plastikverseuchte Ozeane, vergiftete Böden und Gewässer, Massentierhaltung, Urwaldrodungen, Monokulturen usw. sind mittlerweile zur Genüge bekannt. Unsere Umwelt wird aus Gewinngier aufs Äußerste strapaziert oder zerstört, unsere Erde ist schwer beschädigt und mit ihr wir Menschen. Wenn wir weiterhin versuchen, als könnten wir rücksichtslos und egoistisch auf dieser Erde walten und schalten, ohne dafür die Rechnung präsentiert zu bekommen, der irrt.

Jeder von uns kann seinen Teil dazu beitragen, umweltbewusster zu leben und sich gesund und so natürlich wie möglich zu ernähren. Verzichten wir auf gespritztes, chemisch behandeltes Gemüse und Obst und ernähren wir uns bewusst mit Lebensmitteln, die keine Zusatzstoffe enthalten und weder raffiniert, noch denaturiert oder künstlich haltbar gemacht sind.

Damit entlasten wir unseren Organismus und legen den Grundstein für ein gesünderes Leben. Schalten wir auch ein wenig das rasante Tempo unserer Zeit zurück und begegnen wir unserer Umwelt und auch unserem eigenen Leben mit mehr Achtung und Demut.

Krankheit ist oft ein Signal und Hinweis, um aufmerksam zu machen, was in unserem Leben falsch läuft und was die Ordnung in unserem Organismus durcheinander gebracht hat. Viele Zivilisationskrankheiten sind deshalb so schwer zu heilen, da eine Behandlung bei der Bekämpfung von Symptomen nicht die Ursachen miteinschließt, die zur Erkrankung geführt haben.

Hier können nur ganzheitlich orientierte Wege Heilung bieten und, neben einer gesunden Ernährung, »Zugaben« für Körper und Seele wie Freude, Musik, Tanz, Malen ... Lachen Sie mal wieder und genießen Sie es, jeden Morgen einige Atemübungen zu machen oder barfuß die Erde unter den Füßen zu spüren. Fühlen Sie sich eins mit allem, was Sie positiv berührt.

Nostradamus, ein großer Arzt des Mittelalters, sagte einmal: »Wer eine Krankheit heilen will, muss den ganzen Menschen sehen, auch die leidende Seele. Er muss den Menschen sehen, der die Krankheit hat! Und das Leben selbst ist das größte und beste Heilmittel.«

Dem ist nichts mehr hinzuzufügen.

Gemüse ist nicht gleich Gemüse

Der Geist steht über der Materie ... alles ist letzten Endes Geist und Licht ... Gedanken verändern unser Leben ... Nun, was hat dies alles mit Gemüse zu tun, mit Rettich oder Zwiebeln, mit Wirsing oder Tomate, werden Sie sich jetzt vielleicht fragen.

Pflanzen haben ihr eigenes »Pflanzenbewusstsein«. Sie können miteinander kommunizieren und sich Botschaften mitteilen. Dasselbe können sie auch mit Tieren und sogar mit Menschen. Es gibt wissenschaftliche Studien, die belegen, dass jeder Baum, jeder Strauch, jede Blume oder Gemüsepflanze mittels elektrischer Schwingungssignale mit anderen kommuniziert. Bei der angewandten Messmethode wurden selbst unterschiedliche Gefühle, die einer Pflanze entgegengebracht wurden, von dieser wahrgenommen. Beabsichtigte beispielsweise ein Wissenschaftler, ein Blatt einer Pflanze abzureißen, so reagierte die Pflanze darauf mit Panik, manche Pflanzen sonderten sogar eine giftige Substanz ab, bereits bevor das Blatt abgerissen wurde. Andererseits reagierten Pflanzen sehr positiv auf ihnen entgegengebrachte Gefühle von Liebe und Fürsorge.

Ohne Licht kann keine Pflanze leben. Gleichzeitig geben Pflanzen auch wieder Licht ab. Es umgibt und umströmt sie eine Lichtaura, die messbar ist. Auch der Mensch besitzt eine solche Aura, ein Lichtgeschehen, das seine Gestalt in den Farben des Regenbogens umhüllt und sich ständig verändert. Je nach unserer vorhandenen Energie und unseren Gefühlen und Gedanken, die wir haben, strahlen wir blau, grün gelb, rot oder golden …

Der deutsche Biophysiker Fritz-Albert Popp, der sein Leben der Erforschung der so genannten »Biophotonen« widmete, vertrat die Ansicht, Licht könne Ordnung in den

Organismus bringen, während das Gegenteil von Ordnung, also Unordnung im Körper, Krankheit bedeute. Jede einzelne Körperzelle strahlt Licht aus, und dieses Licht kann heute mit moderner Technik sichtbar gemacht werden.

Diese Lichtenergie ist auch in Lebensmitteln vorhanden, und je mehr sie vorhanden ist, desto besser trägt sie auch zu einer gesunden Ordnung im Organismus bei. Popp vertritt die These, dass Licht über körpereigene Steuerungen biochemische Abläufe im Körper lenkt. Die Lichtspeicherfähigkeit eines Nahrungsmittels ist also grundlegend für die Qualität der zellulären Ordnung und somit auch für die Gesundheit. Andere Nährstoffe, wie Vitamine, Mineralstoffe, Enzyme und Spurenelemente, sind also nicht allein entscheidend für die Qualität unserer Nahrung.

Umwelteinflüsse nun, Spritzmittel, Pestizide, sonstige Wirkstoffe zum Haltbarmachen etwa und weitere Verarbeitungsschritte bei Lebensmitteln schädigen nicht nur deren Lichtenergie, sondern können Aufnahme und Speicherung der Lichtenergie blockieren, was dann im Organismus gesundheitliche Störungen zur Folge haben kann.

Gemüse ist also nicht gleich Gemüse. Hohe Lichtenergie besitzt, wen wundert's, biodynamisch angebautes Gemüse. Darum sollten wir nur dieses auch für Heilanwendungen verwenden.

Heilende Gedanken

Denken wir beispielsweise ständig an Krankheit, so verankern wir diese »Krank-Sein-Gedanken« mit der Zeit in unserem Unterbewusstsein und können dadurch auch nicht richtig gesund werden, auch wenn wir schön brav unsere Medikamente einnehmen. Jede Zelle unseres Körpers hat ein eigenes Bewusstsein und reagiert auf jeden Gedanken, den wir denken, auf jedes Wort, das wir aussprechen.

Dies können wir erkennen, wenn wir einen kinesiologischen Armtest machen. Sie haben vielleicht schon davon gehört. Bitten Sie jemanden, Ihren seitlich ausgestreckten Arm ziemlich weit oben knapp an der Schulter herabzudrücken, während er/sie Ihnen eine positiv formulierte Frage stellt. Er/Sie wird den Arm nicht oder nur sehr schwer herabdrücken können, wenn die Antwort »ja« heißt. Lautet sie »nein«, dann fällt der Arm ohne Widerstand herab.

Wie oft beschweren wir uns über unseren Körper, wenn der Rücken schmerzt, der Kopf brummt, uns dies und das plagt. Wir alle kennen dieses Gejammer. Wir unterhalten uns stundenlang mit Freunden oder der Familie über unsere Krankheiten, erzählen von Therapien, die nicht geholfen haben, von Ärzten, Krankenhäusern und Blutproben, schimpfen über das Bein, das nicht mehr mag, den Magen, der gar nichts mehr verträgt oder die vielen Haare jeden Morgen in der Haarbürste, die uns besorgt machen.

Aber wie kann man denn gesund werden, wenn man den lieben langen Tag nur an Krankheit denkt und sich über seinen Körper beschwert?

Vergleichen wir einmal das Bewusstsein unseres Körpers mit dem eines Kindes.

Wer käme auf die Idee, ein erkranktes Kind zu schimpfen und zu tadeln oder schlecht von ihm zu reden, weil es krank ist? Sicher niemand. Wir sprechen ihm gut zu, streicheln es, haben es lieb und trösten es.

Behandeln wir doch unseren Körper einmal so, wie wir ein kleines krankes Kind behandeln würden. Sprechen wir ihm liebevoll zu, hören wir hin, was er uns durch die Erkrankung sagen will. Behandeln wir ihn nicht, als wäre er unser Feind, der uns nicht gesund sein lassen möchte. Er ist doch immer auf unserer Seite und versucht uns zu heilen, wo es nur geht. Er ist unser bester Freund, der immer darum bemüht ist, unsere Fehler wieder auszugleichen. Erkrankungen sind keine Strafe, sondern vielmehr der Versuch des Körpers, wieder die alte Ordnung im Inneren herzustellen. Und vielfach fehlt die Ordnung im Äußeren.

Es wäre bestimmt besser, den Körper im Gesundungsprozess mit guten und heilenden Gedanken zu unterstützen, als sich mit negativen Gedanken und Worten gegen ihn zu stellen. Die hierzu großartigste Lehre heißt, und so steht es schon in der Bibel: Lernt euch selbst lieben, denn Leben kann nur dort gedeihen, wo es nicht behindert wird. Die einzige Behinderung am Gesundwerden kommt oft genug von uns selbst. Wir stehen uns selbst im Wege. Das ist nun allerdings sehr menschlich.

Seien wir ehrlich: Wie leicht ist es doch, die Verantwortung für unsere Gesundung oder Gesundheit nur zu gern den Ärzten zuzuschieben, dem Schlucken von Pillen, oder wir legen uns bereitwillig unters Messer, anstatt uns rechtzeitig genug Gedanken über unsere Gesundheit zu machen und konsequenterweise Änderungen im Leben vorzunehmen, die eine Heilung oder ein Wiederzurückfinden in die Ordnung des Organismus erst möglich machen. So könnte ein echter Heilungsprozess entstehen und wir würden erst gar nicht erkranken.

Pflanzen als Helfer

Pflanzen sind unschätzbare Helfer, sie unterstützen unsere Selbsthilfe und Eigenverantwortung, die wir für unseren Körper haben sollten. Sie stellen die Verbindung her zu unserem inneren und äußeren Ordnungssystem. So banal es klingen mag - manchmal hilft uns schon der Anbau von eigenem Gemüse und eigenen Kräutern in unserem Garten über manche Depression hinweg. Es ist ein Glücksgefühl, eigenes Gemüse zu ernten, seinen Duft zu riechen, seine Farbe zu sehen und seinen frischen Geschmack zu schmecken, eine große Freude, die wir erleben können.

Und was ist Freude? Sie ist die wirksamste Medizin der Menschheit überhaupt. Sogar Krebs konnte schon durch Freude geheilt werden, wie ein Patient berichtete, der sich mit fröhlichen Filmen zum Lachen brachte, durch das Lachen zu dauerhafter Lebensfreude zurückfand und sich so von seiner Krebskrankheit heilte. Denn Heilung bedeutet eine Umstimmung im Ganzen.

Pflanzen können eine Hilfe sein, denn richtig angewandt, besitzen sie durch ihre feinsten Schwingungen (ähnlich wie in der Homöopathie) und durch ihre Seelenkraft die Fähigkeit, unsere Bewusstseinsebenen günstig zu beeinflussen und zu stabilisieren. Dr. Bach beispielsweise hat mit seinen Blütenessenzen bewiesen, dass es nicht immer nur die Vitamine, die Mineralstoffe und materiellen Inhaltsstoffe der Pflanze sind, die uns Heilung bringen. Das feinstoffliche System der 38 Bach-Blüten dient dazu, zur Selbstharmonisierung der menschlichen Persönlichkeit beizutragen bzw. durch die Seele zu heilen.

Wie uns die Nähe eines positiv gestimmten Menschen durch seine Gedanken, seine Ausstrahlung, sein eigenes Energiefeld bereits in die Schwingungsebene der Heilung versetzen kann, so ist es auch mit den Pflanzen. Es findet, richtig angewandt, ein Austausch von Leben und Energie statt.

Natürlich gibt es auch Pflanzen, die uns schaden können, so wie es Menschen gibt, die uns unserer Energien berauben und uns durcheinanderbringen können. So sei der Umgang sowohl hier als auch dort mit Vorbedacht zu überprüfen.

Die heilige Hildegard zum Beispiel spricht nicht nur von guten Wirkungen, sie schildert auch uns merkwürdig anmutende Eigenschaften so mancher Pflanze, die uns Heilung oder Verderben bringen kann, wobei sie die »Wärme« oder »Kälte« einer Pflanze für unser Wohlbefinden verantwortlich macht. Sie sagt sinngemäß: Kein Gemüse sollte roh gegessen werden, sondern immer temperiert, ebenso der Saft von Obst. Ungekocht sei dieser schädlich, gekocht nützlich, weil er dem Blut des Menschen zu vergleichen ist.

Viele Menschen sind richtige »Hildegard-Fans« geworden und richten sich ganz nach den Lehren, die Hildegard mittels höherer Eingebung bekommen haben soll. Ihre Lehre geht natürlich weit über das Gemüse hinaus.

Wir wollen uns hauptsächlich auf das Gemüse beschränken, Hildegards und anderer Naturheiler wertvolle Einsichten bei diesem oder jenem Gemüse zu Rate ziehen und ihre Erkenntnis zu beherzigen versuchen, dass Heilung durch die Übertragung der Pflanzenkräfte auf unseren Organismus unterstützt wird und unser Körper Teil eines umfassenden großeren Ganzen ist.

Teil II

Die Apotheke aus der Natur

Blattgemüse

Der Kohl - der Star unter dem Gemüse

Der Kohl - hier soll in erster Linie vom Mailänder Kohl oder Wirsing (Brassica sabauda) die Rede sein - ist unbestritten der Star unter den verschiedenen Gemüsesorten. Ein wahrer Geheimtipp! Denn seine Heilwirkung ist außerordentlich.

Der Kohl kann innerlich und äußerlich angewandt werden und stellt wirklich eine kleine, aber feine Apotheke dar. Sein Anwendungsgebiet ist so umfassend, dass ihn die Römer oft als Allheilmittel überhaupt verwendeten, da sie so sehr von seiner einzigartigen Heilkraft überzeugt waren.

Jeder kann sich einen Kohlkopf leisten. Früher oft als Arme-Leute-Essen verschrien, ist der Kohlkopf jedoch weit besser als sein Ruf und eines der billigsten Heilmittel überhaupt. Wenn sowohl allopathische als auch homöopathische und naturkundliche Heilmittel versagen, die Krankheit verschlimmern oder gar neue Krankheiten verursachen, ist der Kohl ohne jede Nebenwirkung und einzigartig in seiner gesunden Wirkung.

Ich habe so viel Positives über ihn entdeckt und erfahren, dass ich gar nicht weiß, wo ich mit dem Lob beginnen soll. Wo kein Heilmittel mehr half - der Kohl hat es geschafft. Seine Heilwirkung grenzt geradezu an ein Wunder; wer ihn noch nicht ausprobiert hat, kann dies wohl gar nicht glauben.

Gäbe so mancher Arzt seinem Patienten ein Kohlblatt mit nach Hause, so könnte er diesem vermutlich viel Gutes tun mit einer schnellen und überraschenden Heilung von seinem Leiden. Vorausgesetzt natürlich, der Patient würde das Kohlblatt auch ernsthaft und sorgfältig anwenden.

Der Kohl kann tatsächlich viele Salben, Verbände, Pillen und manches mehr ersetzen. Der Römer Cato soll so gut wie alles damit geheilt und Haus und Hof damit kuriert haben, wie uns überliefert ist.

Es ist kaum vorstellbar, aber wundervoll, dass selbst ernste, oft schwere und als unheilbar eingestufte Krankheiten durch einen Kohlwickel - diesem einfachsten aller Mittel - geheilt werden konnten.

Heilwirkungen des Wirsings

Herstellung und Anwendung eines Kohlwickels

Es ist sehr einfach, einen Kohlwickel herzustellen. Man nimmt einige Blätter, befreit sie von den groben Rispen und walzt sie glatt. Nachdem sie leicht erwärmt wurden, werden sie auf die erkrankte Hautpartie gelegt. Die Blätter sollten stets frisch sein. Man legt sie am besten nachts auf, aber auch tagsüber ist es möglich. Ein Zeichen der Heilung ist die Verfärbung der Blätter am nächsten Tag oder - in besonders hartnäckigen Fällen - während der nächsten Behandlungstage. Verläuft die Krankheit empfindungslos, so kann es zunächst einmal zu einer erhöhten Empfindlichkeit kommen.

Bei Camille Droz ist nachzulesen, bei welchen Krankheiten der Kohl schon geholfen hat. Dazu gehören unter anderem: **Erkrankungen** der **Haut** wie **Ekzeme**, **Ausschläge**, **Flechten**, **Pusteln**, **Verbrennungen**, **Blutergüsse**, **Schorf**, **Geschwüre** aller Art, **Gangrän**, **Schnitte** und **Risse**, **Akne**, **Nesselfieber**, **Gürtelrose** und **Syphilis**; selbst bei **Pocken**, **Masern**, **Röteln** und bei **Hirnhautentzündung**.

Die Naturheilkundige schreibt weiterhin: **Rheumatische** und **nervliche Erkrankungen** wie **Gicht**, **Rheuma**, **Muskelrheuma**, **Neuralgien**, **Migräne** sollen mit Kohlauflagen deutlich verbessert werden. Hierzu täglich gewalzte Kohlblätter 3 bis 4 Wochen lang auf die kranke Stelle legen und mit einem Verband befestigen.

Infektiöse Erkrankungen wie **Eiterungen**, **Augenentzündungen**, **Erkältungen**, **Kopf-** und **Halsschmerzen**, **Bronchitis** und **Kindbettfieber** konnten durch den Kohl geheilt werden.

Inneren Erkrankungen und **Entzündungen** wie **Blasen-** und **Nierenentzündungen**, **Zuckerkrankheit**, **Seitenstechen**, **Magenschleimhaut-** und **Leberentzündung** u. Ä. soll ein Kohlblattwickel rasche Linderung bringen.

Außerdem leistet der Kohl gute Arbeit bei **Epilepsie**, **Tumoren**, **Hysterie**, **Lähmungen** und **Katalepsie**. Es gibt Berichte, dass durch ihn **Stummheit** und **Taubheit** geheilt werden konnten, die schon 15 Jahre lang bestanden hatten.

Mit Kohlblattauflagen können in kurzer Zeit **Wunden** und auch schwerste **Verletzungen** verschwinden.

Das ist fast nicht zu glauben, werden Sie sagen, aber das ist noch nicht alles; die Liste könnte fast beliebig fortgesetzt werden. »Natura morborum curationes ostendit« - so sagte Hippokrates: »Die Natur weist uns den Weg, wie Krankheiten geheilt werden können.«

Meine Schwester etwa, die sich bei einem Aufenthalt in Asien mit einer schweren und seltenen Art von **Gelbsucht** infiziert hatte, wochenlang dahinkränkelte und nicht gesund wurde, konnte sich in recht kurzer Zeit wieder ihrer Gesundheit erfreuen, nachdem sie sich Tag und Nacht Kohlblätter auf die Leber legte.

Selbst Körperteile, die durch Verletzungen so geschädigt waren, dass sie schon amputiert werden sollten, konnten mit Kohlblättern wieder gerettet werden.

Hohes Fieber kann zurückgehen, **Darmentzündungen**, **Drüsenschwellungen**, selbst **innere Verletzungen** heilen. Wie kann das sein, fragen wir uns?

In Fachkreisen finden wir folgende Antwort: Viele Krankheiten haben als eigentliche Ursache eine spezifische Vergiftung der Körpersäfte. Der Kohl zieht diese giftigen Substanzen generell an und sorgt für den Abfluss über die Haut - er neutralisiert diese Giftstoffe gewissermaßen. Hier sind weder Nebenwirkungen noch Risiken zu befürchten, es bleiben weder Narben zurück noch treten Folgeschäden auf. Die Krankheitsverursacher werden so aus dem Körper gezogen, was eine sichere und vollständige Heilung zur Folge haben kann.

Ist das nicht wunderbar? Wie vielen Nebenwirkungen sind wir oft bei starken Medikamenten ausgesetzt, die uns zu schaffen machen, während das einfache Kohlblatt völlig unschädlich ist und nebenbei nur ein paar Cent kostet.

Besondere Anwendungsformen des Kohlwickels

Bei allen Anwendungen die Haut vorher und nachher reinigen!

Bei **fieberhaften Erkrankungen** werden die Kohlblätter wie Wadenwickel um die Beine gebunden, mit einem Verband befestigt und nach einigen Stunden erneuert.

Bei **Augenentzündungen** vorsichtig den Kohl um den Kopf wickeln und auf die Augen legen.

Bei **Hautkrebs** soll der Kohlwickel heilungsfördernd und schmerzlindernd wirken.

Menstruationsstörungen können durch regelmäßige, über mehrere Wochen hinweg angewandte Auflagen auf den Unterleib beseitigt werden.

Bei **nervlichen Störungen** (**nervöse Spannungen** und **hysterische Anfälle**) soll Kohl eine äußerst beruhigend-ausgleichende Wirkung haben. Hierzu umwickelt man die Beine mit Kohl und lässt ihn mehrmals täglich für $^1/_2$ bis 1 Stunde einwirken.

Bei **Kopfschmerzen** sind Kohlauflagen immer sinnvoll. Auf Stirn, Nacken und Schläfen bindet man mit einem Verband Kohlblätter, die man, wie bereits erwähnt, von den harten Rispen befreit und glatt gewalzt hat.

Schwellungen am Knie nach einer Knieoperation oder **Wassereinlagerungen** im Knie können mit einem Kohlwickel, den man über Nacht anbringt, beseitigt werden. Anwendungsdauer mindestens 2 Wochen.

Weitere Heilanwendungen

Ohrenschmerzen lassen sich beseitigen, indem die Wurzel des römischen Kohls gekocht wird und von der Flüssigkeit 2 oder 3 Tropfen noch warm in die Ohren geträufelt werden.

Gegen **Kopfschmerzen** und den berühmten »**Kater**« empfiehlt es sich, Kohlwasserdampf zu inhalieren.

Man kann Kohlblätter auch in herbem, rotem Wein kochen und auf **tiefe Wunden** legen, was den Heilungsprozess verstärkt.

Bei Dioskurides finden wir manches Rezept, das auf die Heilkraft des Kohls setzt, so z. B.: »Wider die Schmerzen des **Stechens in der Seiten**«, so schreibt er, »ein fein Experiment: Nimm ein Kohlkrautblatt, leg es auf einen heißen Ziegelstein, befeuchte es mit ungesalzener Butter, dass es weich werde, streue klein gestoßenen Kümmel darauf und lege es warm auf die Seite« (zitiert nach Tabernaemontanus).

Auch gegen die **Gürtelrose** hat er ein Mittel parat: zerstoßene und mit Gerstenmehl vermengte Kohlblätter, die auf die betroffenen Stellen aufgelegt werden. Dies heilt nicht nur die »Rose«, sondern auch **Nachtblattern**, **Rotlauf**, **Räude** und jede **Geschwulst**.

Der Kohl muss also nicht immer nur roh aufgelegt werden, um seine Heilkraft entfalten zu können. Gekochte Kohlblätter, die man mit Honig vermischt, sollen auch bei um sich fressenden **Geschwüren** helfen, auch bei **kaltem Brand**. Ob ein Versuch bei Krebsgeschwüren hier angebracht wäre?

Ärzte in früheren/antiken Zeiten kannten natürlich nicht die Namen von Krankheiten, wie wir sie heute kennen. Oft beschrieben sie eine Krankheit, ohne sie mit einem Namen zu belegen.

Kohlsaft kann äußerlich etwa als Haarwasser verwendet werden. Hiervon soll das **Haar** wieder wachsen und Ungeziefer getötet werden.

Zu guter Letzt noch ein Trost für jeden, dem der Kopf nach einer durchzechten Nacht brummt: »Kohlblätter in Wasser gesotten und den Dunst in das Haupt empfangen [eingeatmet], auch das Übrige über die Stirn geschlagen, stillet das Hauptwehe, so von üppigem Trinken entstanden.«

Heilwirkungen des Weißkohls

Auch der Weißkohl (Brassica capitata) - in seiner vergorenen Form bekannt als Sauerkraut - ist ein vorzügliches Heilgemüse. Er stimmt den ganzen Körper um, entgiftet ihn, stärkt die Nerven, unterstützt die Blutbildung und hat eine ausgesprochen günstige Wirkung bei **Leber**- und **Lungenleiden** sowie **Stoffwechselstörungen**. Sauerkraut schmeckt zwar - wie der Name schon sagt - sauer, hilft aber gegen **Übersäuerung**, z. B. gegen zu viel **Magensäure**. Sauerkrautsaft hat, kurmäßig eingenommen, schon so manches **Magengeschwür** geheilt. Er wird auch in der Krebs- und Rheumatherapie eingesetzt.

Eine einst **asthma**kranke Frau trank, wie sie mir berichtete, regelmäßig so viel Sauerkrautsaft, wie es ihr nach ihrem Gefühl bekömmlich war, und konnte sich auf diese Weise restlos von ihrem Leiden befreien.

Eine junge Frau litt an einer **Überfunktion** ihrer **Schilddrüse** und vertrug die Medikamente des Arztes nicht. Auf Anraten einer Kräuterfrau nahm sie täglich etwas Sauerkraut zu sich. Nach einigen Wochen war sie dank dieser Therapie fast beschwerdefrei, die Schilddrüsenwerte normalisierten sich, und kurze Zeit später war die junge Frau wieder völlig gesund und überglücklich.

Der Weißkohl sollte aber besser nur in seiner vergorenen Form als Sauerkraut zu sich genommen werden, da Weißkohl roh als Kraut oder roher Krautsaft weniger bekömmlich ist und Leiden sogar verschlimmern kann. Nach Hildegard von Bingen »verwundet« er schwache Gedärme und ist ausgesprochen schädlich. Jeder, der eine empfindliche Verdauung hat, kann ein Lied davon singen. Streichen wir also den Krautsalat lieber von unserem Speisezettel und verwenden wir das Sauerkraut - in dieser Form ist der Kohl dann äußerst bekömmlich und gesund.

Weitere Heilanwendungen

Wer jedoch eine robuste und gesunde Verdauung hat, kann durchaus unbeschadet einen rohen Krautsalat, mit Salz und Essig angemacht, zu sich nehmen, wenn er einen kräftigen »**Kater**« hat, denn, so heißt es (nach Plinius), er »vertreibe die Schwermütigkeit des Hauptes«. Schon vorbeugend vor dem Alkoholgenuss eingenommen, soll er die bekannten Nachwirkungen verhindern, da der Kohl den Weinreben »entgegengesetzt« sei. Die alten Römer hatten hierin sicherlich ihre Erfahrung, denn ihr geflügeltes Wort »in vino veritas« lässt auf großzügigen Umgang mit dem Rebensaft schließen.

Plinius sagt weiter, die gesottene Brühe des Kohls, 40 Tage lang eingenommen, sei gut bei **Schwäche**, und gesottenes Kohlwasser heile auch die **Epilepsie** (Fallsucht). Schädlich ist solch ein Versuch sicherlich nicht, doch von einem einmaligen Kohltrunk wird sicher noch keine Heilung eintreten.

Weißkohlblätter, kurz in heißem Wasser aufgewallt und mit Zucker vermischt, führen stark ab. Gut gekocht, die Brühe weggeschüttet und ein zweites oder drittes Mal in frischem Wasser gekocht, stopfen sie hingegen.

Wer seine **Stimme** plötzlich **verloren** hat und keinen Ton mehr herausbringt, dem hilft ein Kohlblatt, das man im Mund kaut und von dem man nur den Saft hinunterschluckt. Die Stimme ist wieder da.

Lauch und Spinat

Es gibt nun auch eher schädliches Gemüse, das wir lieber nur selten essen sollten. Eines davon ist der Lauch (Allium porrum).

Er soll nicht der beste Freund unserer Gesundheit sein, so Hildegard v. Bingen. Sie verbannt ihn sogar aus ihrer Klosterküche und sagt beispielsweise sinngemäß: Lauch, roh gegessen, solle so schlecht sein wie eine nutzlose Giftpflanze, weil er das Blut und die menschlichen Säfte in das Gegenteil verkehre, trotz seines feinen guten Geschmacks.

Aber darauf kommt es eben nicht immer an. Dennoch finden sich in alten Kräuterbüchern etliche interessante heilsame Rezepte, die ich gerne zur Ehrenrettung des Lauchs erwähnen möchte.

Heilwirkungen des Lauchs

Lauch bewährt sich, wenn Sie Probleme mit den Ohren haben. Hier sind Sie an der richtigen Adresse.

Ohrensausen und **-schmerzen** sollen vergehen, wenn man Lauchsaft mit Weihrauch und Rosenöl vermischt in die Ohren träufelt. Oder: den Lauchsaft mit Essig oder Milch vermischen und in die Ohren tropfen.

Wer Schmerzen stillen möchte, der kann auch geschnittenen Lauch, in Baumöl (Olivenöl) gesotten, warm in die Ohren träufeln.

Bei Tabernaemontanus finden wir ein interessantes Rezept für den geplagten **Hämorrhoiden**patienten: »Die Blätter gesotten und aufgelegt, sind gut zu den verschwollenen und schmerzlichen Gulden oder Afteradern.«

Ebenso spricht er von der säubernden und desinfizierenden Wirkung des Lauchsaftes: »Er heilet unsaubere erkaltete Wunden und verzehret das faul Fleisch, darin gethan.«

So besitzt auch der Lauch seine guten Eigenschaften. Denn das Heilsame und das Schädliche liegen oft sehr nahe beieinander, besonders im medizinischen Bereich.

Heilwirkungen des Spinats

Der Spinat (Spinacia oleracea) verfügt über zahlreiche Wirkstoffe, so dass wir ihn zu den gesündesten und vitaminreichsten Gemüsesorten überhaupt zählen dürfen.

Frische Spinatblätter sind, gekaut, vorzüglich dazu geeignet, eine **gestörte Verdauung** auf sanfte Art zu regulieren, sowohl bei **Verstopfung** wie auch bei **Durchfall**, wenn die Ursachen hierfür in den Schleimhautdrüsen des Darms liegen. Vor allem aber dient der Spinat zur **Blutbildung** und **-entgiftung** dank der einzigartigen Zusammensetzung seiner einzelnen Bausteine wie Kalk, Phosphor, Schwefel, Arsen, Kupfer, Jod, Eisen, Vitamin C und Chlorophyll.

Wie schon die alten Araber wussten, dass Spinat gut für die Leber sei, die **Gelbsucht** heile und den Stuhl erweiche, so ist der Spinat auch heute noch, auch wenn viele die Nase rümpfen mögen und an unangenehme Kindheitserinnerungen zurückdenken, auch heute noch ein vorbeugendes und heilsames Nahrungsmittel.

Warnung!

Zum einen sollten wir, wie fast jede Hausfrau weiß und jeder Hausmann wissen sollte, den Spinat nicht mehr aufwärmen, da es hierbei zur Umwandlung von Nitrat in giftige Nitrite kommt.

Ebenso sollte man Spinat am besten nur ungedüngt und biologisch angebaut verzehren, da es durch Bakterien ebenso zur Umwandlung von Nitrat in Nitrit kommen kann. Desgleichen bewirken Düngemittel mit Phosphatzusätzen einen steilen Phosphat- und Natriumanstieg, wobei gleichzeitig der Gehalt wertvoller Mineralstoffe wie Kalzium, Kalium, Magnesium und Schwefel in den Spinatblättern sinkt und der Nitratgehalt steigt.

Ein Trick

Spinat ist eben nicht immer gleich Spinat, Gemüse nicht immer Gemüse. Es gibt große Unterschiede, wenn wir einmal chemische Analysen vergleichen. Es können Vitamin- und Mineralmangelschäden entstehen, ohne dass wir es richtig merken, wenn wir auf diese Dinge nicht achten. Und wir leiden Mangel trotz voller Töpfe.

Ein Trick, giftigen Nitritgehalt im Spinat zu dämpfen, besteht darin, ihn mit Brennnesseln im Verhältnis 1:1 zu mischen und zuzubereiten. Die Brennnesseln können die giftigen Nitrite weitgehend neutralisieren, was ich bei im Supermarkt gekauftem Spinat unbedingt raten würde, vor allem in der Kinderernährung. Wie wäre es, wenn Sie sich einen Teil Ihres Gemüsebeetes für Brennnesseln freihielten?

Wurzel- und Knollengemüse

Die Kartoffel

Auch in der Kartoffel (Solanum tuberosum) steckt große Heilkraft. Sie ist ein wahrer Kraftspender. Einzigartig als Grundlage für eine gesunde Ernährung ist das Zusammenwirken von großem Brennwert, Mineralstoffgehalt, hoher biologischer Eiweißwertigkeit und leichter Verdaulichkeit.

Wie oft essen wir sie - aber denken wir daran, dass, wenn der Magen vielleicht nicht vor Hunger, sondern vor Schmerzen knurrt, die Kartoffel genau das richtige Gemüse ist? Ein Kartoffelbrei oder eine Kartoffelsuppe ist nämlich das rechte Mittel bei einem verdorbenen Magen. Guten Appetit bei **Magen-** und **Darmbeschwerden**!

Heilwirkungen der Kartoffel

Roher Kartoffelsaft, besonders angebracht bei **Magenkrämpfen**, bindet viel Magensäure und kann so **Sodbrennen**, eine **Magenschleimhautentzündung** und selbst ein **Magengeschwür** verhindern helfen. Empfohlen sei: jeden Tag 1 Tasse Kartoffelsaft. Diesen kann man auf dreimal jeweils vor dem Essen verteilen. Machen Sie damit eine Kur einige Wochen lang.

Für die heilende Wirkung ist hauptsächlich der hohe Kaliumgehalt verantwortlich. Herz und Nieren werden entlastet. **Übersäuerungen** spielen eine große Rolle bei fast jedem Krankheitsgeschehen. So hilft die Kartoffel durch ihre basische Grundbeschaffenheit auch als Basenbildner.

Die Kartoffel wirkt aber auch entwässernd und hat sich bei **Wasseransammlungen** in Organen und Geweben des Körpers bestens bewährt. Eine Kartoffelkur, bei der ausschließlich Kartoffeln ohne Salz und Fett genommen werden, zieht sehr viel Wasser aus dem Körper. Man sollte regelrechte Kartoffeltage einlegen: Nach Prof. Jagic 3 Tage lang jeden Tag 1 kg Kartoffeln in jeweils 6 Portionen zu sich genommen - und Sie befreien Ihren Körper von seinem Wasser. Wenn notwendig, machen Sie das 2 bis 3 Wochen hintereinander, sonst monatlich. Wer dabei meint, Kartoffeln machten dick, der sitzt einem unbegründeten Vorurteil auf. Sie allein sind nicht für Fettleibigkeit verantwortlich.

Bei **Bronchitis**, **Halsschmerzen** mit **Lymphdrüsenschwellungen** oder **Bauchkrämpfen** hilft die Kartoffel ebenfalls. Ein Kartoffelumschlag bringt dabei rasche Linderung und Heilung.

Hierzu zerdrückt man Pellkartoffeln mit der Schale und wickelt sie in ein dünnes Tuch. Vorsicht, verbrennen Sie sich nicht! Dieser Umschlag wird auf Brust oder Bauch gelegt und Ruhe eingehalten. Ein Kartoffelumschlag beruhigt den Darm bei nervöser Unruhe, z. B. bei Durchfall.

Diese Empfehlung kann ich persönlich weitergeben. Ich habe diese Art der Anwendung in Pfarrer Kneipps Kräuterbuch entdeckt und damit schon mehrmals schlimmes **Bauchgrimmen** zum Stoppen gebracht.

Der Kartoffelwickel ist ebenso ein gutes Hausmittel bei **Gallenkoliken**. Betroffene berichten von seiner krampflösenden Wirkung, die noch besser sei als die Wirkung einer feuchtheißen Wasserkompresse auf Galle und Leberbereich.

Kopfschmerzen können auch durch eine Übersäuerung des Körpers verursacht werden. In diesem Fall hilft Kartoffelsaft. Ungekeimte Kartoffeln ohne grüne Stellen werden geschält und z. B. mit einem Entsafter ausgepresst. Davon trinken Sie dann vor dem Essen 3 große Esslöffel dreimal täglich.

Bei **Brandwunden** sollen Wickel mit geriebenen rohen Kartoffeln, vermischt mit Honig, helfen.

Kartoffeln sind auch hilfreich bei **Fieber**: Kartoffeln reiben, mit Apfelessig beträufeln und in ein Tuch einschlagen, dann auf die Stirn legen und alle 2 bis 3 Stunden erneuern.

Und noch ein Tipp für Männer: Ein Rezept aus der russischen Volksmedizin kommt bei **Prostataentzündungen** zum Einsatz. 4 bis 5 Kartoffeln werden roh geschält, die Schalen dann mit 1 Liter Wasser solange gekocht, bis sie weich sind. Von dem erkalteten Sud trinkt man täglich dreimal ein halbes Glas vor dem Essen. Bitte den Sud täglich frisch zubereiten!

Warnung!

Ein warnender Hinweis am Ende: Kartoffeln, die angekeimt oder grün sind, sind ungenießbar und zu meiden, beim Essen ebenso wie bei medizinischer Anwendung!

Karotte und Pastinake

Dass auch die Karotte (Daucus carota) oder Möhre in gesundheitlicher Hinsicht von großer Bedeutung ist, dürfte weithin bekannt sein. Dies liegt hauptsächlich an ihrem hohen Vitamin-A-Gehalt. Auch mag der eine oder andere wissen, dass vor allem die Augen hiervon profitieren, wie auch die Haut und die Schleimhäute. Jeden Tag z. B. frisch gepresster Karottensaft eine Zeitlang getrunken, ist wie eine Verjüngungskur für die Haut bei **Faltenbildung** und **Trockenheit**. Auch **Schuppen**, die einen **Vitamin-A-Mangel** als Ursache haben, können zurückgehen.

Heilwirkungen der Karotte

Autofahrern sei sie ans Herz gelegt bei **Sehstörungen** und **Lichtempfindlichkeit** in der Dämmerung und in der Nacht. Sie bietet hierbei guten Schutz, ebenso bei **Augenentzündungen**, **Verhornung** der **Bindehaut**, **Trockenheit** der **Augenhäute** und entzündlicher Anschwellung am Augenlid (»**Hagelkorn**«).

Der gelbrote Farbstoff der Karotte, der das Anpassungsvermögen des Auges an Helligkeit und Dunkelheit steigert, ist für diese Heilwirkung verantwortlich.

Für Kinder ist Karottensaft immer gut, schon allein zur Infektabwehr und Erhöhung der Widerstandskraft. Er lässt Kleinkinder widerstandsfähig werden und verleiht ihnen ein gesundes Aussehen. In der Kinderheilkunde gilt Karottensaft ebenso als geeignetes Mittel bei übergroßen Mandeln.

Aber auch den Älteren unter uns ist der Karottensaft sehr bekömmlich. Jeden Tag ein halbes Glas mit Kefir gemischt - ein kräftigendes Aufbaugetränk.

Auch als **Wurmkur** ist der Karottensaft bestens geeignet. Man verabreicht 1 Tag lang nur geraspelte Möhren im Rohzustand, weiter nichts - dann sind die Würmer meistens schon vertrieben.

Störungen in **Magen** und **Darm** können ebenfalls günstig beeinflusst werden. Ausgepresste Möhren regulieren den Fluss der Magen- und Verdauungssäfte, beheben **Durchfälle**, welche Magenkranke ohne Säurebildung oft haben, da die Möhren regulierend auf die Magensäfte einwirken.

Bei **Durchfällen** hilft die Karotte auch durch ihren erheblichen Kaliumgehalt, bei Problemen mit den Nieren entwässert sie diese zusätzlich.

Die Karotte ist generell eine ausgezeichnete Heilkost in der Diätküche. Sie wirkt blutbildend, regulierend im Stoffwechselgeschehen und im Hormonhaushalt. Zu erwähnen ist bei Letzterem, dass hauptsächlich die **Schilddrüse** davon profitiert, vor allem bei **Überfunktion (Basedow)**. Ebenso wird das **prämenstruelle Syndrom** günstig beeinflusst.

1 Glas täglich frisch getrunkener Karottensaft hilft auch bei **Schädigungen** von **Schleimhäuten** und **Hautfunktionen**, wie z. B. **Hautkrankheiten**, **brüchigen Haaren** und **Fingernägeln**, **Haarausfall**, **Nasen-** und **Nebenhöhlenkatarrhen** und **Anfälligkeit** für **Erkältungskrankheiten**.

Auch die Schleimhäute in Magen und Darm sprechen darauf an. Schon ein halbes Glas behebt das **Sodbrennen**. Bei **Diabetes**, **Rheuma** und **Gicht** werden täglich 2 Tassen empfohlen.

Eine **Hämorrhoiden**plage kann Linderung finden, wenn man täglich für einige Zeit frisch geriebene Karotte oder auch rote Bete auf den After platziert.

Bewährte Heilanwendungen aus der Volksmedizin und nach dem alten Kräuterarzt Bruder Aloisius

Bei **Kehlkopfkatarrh** werden 2 Handvoll Rüben, nachdem man sie weichgekocht hat, durch ein feines Sieb zerdrückt und in das Kochwasser gepresst. Auf 1 Liter gibt man etwa 300 Gramm braunen Kandiszucker hinein. Hiervon trinke man jede Stunde 1 Esslöffel und gurgle auch öfter mit dem erkalteten Saft.

Bei **Brustwassersucht** siede man Rübsamen in Wein und trinke davon täglich ein halbes Glas.

Bei **Brust-** und **Kehlkopfentzündung** ist der bloße Absud der Rübsamen als Gurgelwasser wirksam.

Bei **Mundfäule** und **-geschwülsten** hilft das abgekochte Rübenkraut als Gurgelwasser.

Bei frischen **Wunden** und **Ausschlägen** können auch Rübenblätter, fein zerhackt, als Auflage genommen werden.

Auflagen geraspelter Rüben sind wirksam bei **Furunkeln** und **Brandwunden**.

Sodbrennen wird durch $^1/_4$ Liter frischen Karottensaft behoben.

Ein Rezept für Senioren: $^1/_2$ Tasse Karottensaft mit $^1/_2$ Tasse Milch vermischen und langsam trinken. Das belebt sehr und stärkt das **Gedächtnis**.

Weitere Heilanwendungen

Um das »**Unvermögen** zu den ehelichen Werken wieder zurechtzubringen«, wie es so schön in einem alten Kräuterbuch als Ratschlag für »erkaltete Männer« heißt, gibt es gleich mehrere Karottenrezepte.

Zum Beispiel: Karotten werden in kleine Teile geschnitten, ein wenig gesotten und dann mit einem - wohlgemerkt reinen, nicht gepanschten Bienenhonig - weiter gesotten. Dann gibt man Korianderkörner hinzu; diese Mischung wird in einem kleinen Behälter aufbewahrt. Häufig soll davon gegessen werden, vor allem vor dem Schlafengehen!

Oder man verfahre mit den Karotten wie eben beschrieben, gebe noch kleine Ingwerstückchen und groben zerstoßenen Pfeffer hinzu. Diese Rezeptur stammt von den Arabern, die darauf schwören sollen.

Ebenso empfohlen wird dieses Rezept: Karotten sollen in Milch gesotten, in Honig eingelegt und dann häufig verzehrt werden.

Und noch ein Rezept für Kinder: Man rasple Karotten fein und vermenge sie mit Haferflockenbrei, der über Nacht eingeweicht wurde. Alles wird leicht angewärmt und mit Honig gesüßt. Geben Sie es Ihrem Kind jeden Tag zum Frühstück! Diese »Kur« wurde in Oslo an einigen Schulen getestet, der Lernerfolg und die Gesundheit der Kinder steigerten sich merklich. Vielleicht hilft es Ihrem Kind auch, besser durch die trüben Wintermonate zu kommen.

Bei **Nieren**- und **Harnsteinen** können Karottensamen hilfreich sein. Man übergießt 1 Esslöffel Samen mit 1 Glas kochendem Wasser. Dies lässt man am besten luftverschlossen über Nacht stehen und trinkt vor jeder Mahlzeit $^1/_2$ Glas. Man kann auch dreimal täglich vor dem Essen 1 Gramm Möhrensamen verzehren.

Frisch gepresster Karottensaft wirkt bei **chronischen Kopfschmerzen**, wenn man davon über einen längeren Zeitraum (1 bis 2 Monate) täglich zwischen den Mahlzeiten $^{1}/_{2}$ Liter trinkt.

Frischer Möhrensaft, vermischt mit frischem Apfelsaft und etwas Honig, stärkt die Abwehrkräfte und kuriert **Erkältungen** aus.

Heilwirkungen der Pastinake

Die Karotte hat eine nahe Verwandte: die bei uns selten verwendete Pastinake (Pastinaca sativa). Sie ist im Geschmack außerordentlich mild und angenehm und zählt zu den Delikatessen.

»Die Pastinakenwurzel gedörrt, zu Pulver zerstoßen, durch ein Sieb gestrichen und davon genommen 3 Teile mit 6 Teilen Zucker in Malvasier zerlassen, eine Latwerge (Mus) daraus gemacht und jeden Abend davon die Menge einer Kastanie gegessen«, bringe so große »Begierde« bis zur »Unkeuschheit« und manchen Männern die »reinste Freude«, heißt es in einem alten Rezept.

Für Frauen, die sich ein Kind wünschen, soll sie auch förderlich und Erfolg verheißend sein: Pastinakenkraut und -samen, in Wein gesotten und morgens und abends getrunken, hilft den unfruchtbaren »Weibern« zur Empfängnis (nach Theosophus).

Im Übrigen findet die Pastinakenwurzel als vorzügliches Leber- und Nierenmittel oft Erwähnung.

Eine Pastinakenwurzel zerkleinere man und mische darunter je $^1/_2$ Handvoll zerriebene Fenchelwurzel, Petersilie, Liebstöckel, Fenchelsamen, Pfirsichkerne und Pfefferkörner. $^1/_3$ von dieser Mischung gebe man in $1^1/_2$ Maß (etwa $1^1/_2$ Liter) Wasser, siede es, seihe ab und gebe 6 Lot (etwa 100 Gramm) Zucker hinzu. Man trinke davon jeden Morgen nüchtern (aber warm). Dieser vielversprechende Trank heile, heißt es, **Geschwülste** im **Bauch** und **Blähungen** und reinige die **Nieren** von »Sand und **Grieß**«.

Die Wurzel, zu Pulver zerrieben und in Met warm getrunken, soll äußerst nützlich bei **Leberleiden**, für die **Milz** und die **Nieren** sein.

Und sogar gegen **Mondsüchtigkeit** bei Kindern kann die Pastinake angewandt werden: Eine Pastinakenwurzel, klein geschnitten, in Wasser gesotten, getrunken, dazu eine Wurzel ins Bett gelegt, soll tatsächlich Erfolg versprechen!

Ein Wort zwischendurch...

Unter den nun folgenden Gemüsesorten finden wir einige, die auch offiziell von der Schulmedizin als Heilpflanzen anerkannt sind.

Knoblauch, Meerrettich und Zwiebel sind regelrechte »Antibiotika« aus der Pflanzenapotheke. Sie besitzen Eigenschaften, die Giftstoffe wie Blei, Quecksilber und Kadmium aus dem Körper ausschwemmen. Sie stellen ein ganz besonderes Kapitel dar, da sie wie Polizisten in unserem Körper wirken und alles beseitigen, was nicht hineingehört, ohne uns zu schädigen. Wer diese Wirkungen kennt und sie erfahren hat, schwört auf sie und legt so manche synthetische Pille wieder beiseite.

Apropos Pillen ...

Pillen jedweder Art üben, wie es scheint, eine große Anziehungskraft auf uns aus. Wir erhoffen uns Hilfe aus den Regalen der Pharmaindustrie, schlucken oft kunterbunte Pillen, die wie Bonbons aussehen, und greifen voller Vertrauen danach, fast wie Kinder, schauen zu »Onkel Doktor« auf, der uns die Pillen verschreibt, werden vielleicht gar tablettensüchtig - Autoritätshörigkeit, Hilflosigkeit, Bequemlichkeit, um die Verantwortung für den eigenen Körper nicht selbst übernehmen zu müssen?

Nun sind auch Heilpflanzenpräparate in Pillen-, Tabletten- oder Kapselform, wie z. B. Baldrian- oder Knoblauchpillen, mittlerweile weit verbreitet. Gern werden sie verschrieben und ebenso gern werden sie genommen. Das Geschäft boomt. Hat da der Knoblauch oder der Kohlkopf im Supermarktregal überhaupt eine Chance, mit den wenigen Cent, die er kostet? Seine Berechtigung als Heilmittel scheint er wohl erst dann erlangt zu haben, wenn wir ihn zu bunten und mit Zusatzstoffen angereicherten Pillen verarbeitet wiederfinden, werbewirksam verpackt und mit Beipackzetteln versehen, die ihn endlich als eine Art Medizin ausweisen.

Das alles ließe sich vermeiden, es kostet ja nur unnötig Geld. Der Absatz solcher Pflanzenpillen und Vitaminpräparaten ist riesengroß. Man fragt sich, weshalb wir dem Knoblauch in Pillenform mehr Vertrauen schenken als dem Knoblauch aus dem Gemüsekorb, den Vitaminen in der so genannten »Multi-Vitamintablette« mehr als dem Obstkorb.

Es ist nachweislich sinnvoller, den Körper mit natürlich gewachsenen Mitteln zu unterstützen und bei der Heilung mithelfen zu lassen als mit synthetisch aufbereiteten Mitteln.

Pflanzen können uns viel lehren. Sie fordern uns sozusagen auf, über unseren Körper nachzudenken, ihn mit ihrer Hilfe kennenzulernen und ihm zu vertrauen. Denn letzten Endes kann nur dies wirklich zu Harmonie und Wohlbefinden führen.

Der Knoblauch

Das bekannteste unter den nun folgenden Heilmitteln ist zweifellos der gerade erwähnte Knoblauch (Allium sativum). In der Küche oft gern verwendet, meiden ihn jedoch viele, da sie seinen penetranten Geruch nicht ertragen oder sich sein Verzehr mit den beruflichen Umständen nicht vereinbaren lässt. Was ja auch verständlich ist, denn wenn Julia auf der Bühne ihren Romeo küsst, was wäre, wenn sie ihn dann nicht riechen könnte?

Knoblauch ist jedenfalls ein echtes, hochwirksames Naturheilmittel. Und wir wenden ihn als Heilmittel leider viel zu selten an.

Heilwirkungen des Knoblauchs

Ganz allgemein steigert der Knoblauch die Widerstandskräfte des menschlichen Körpers gegen **Infektionen** jeglicher Art. Er beruhigt den Darm, tötet schädliche Bakterien ab, während die gesunde Darmflora unterstützt wird. Er ist deshalb wirksam bei leichten und schweren **Darminfektionen**, auch bei **Ruhr**, bei **Paratyphus** und **Cholera**, aber auch bei der so gefürchteten **Virusgrippe**, der jährlich viele Menschen zum Opfer fallen.

Auch anderen Infektionen, wie z. B. **Erkrankungen** der **Luftwege**, kann mit Knoblauch bereits vorgebeugt werden, noch ehe die Krankheit ausbricht. **Halsschmerzen**, selbst **Scharlach** können so behandelt werden. Der Knoblauch wirkt hier krampflösend, desinfizierend und sorgt für Schleimabsonderung.

Versuchen Sie einmal bei einer **Mandel-** oder **Halsentzündung**, am besten bei den ersten Anzeichen, eine Knoblauchzehe wie ein Halsbonbon den ganzen Tag zu lutschen. Sie werden sich wundern, wenn Sie dann vielleicht kein Penicillin mehr brauchen, um die Krankheitserreger einzudämmen, denn wahrscheinlich ist am nächsten Tag die Entzündung schon zurückgegangen. Für Ihre Umwelt ist das nun in gewisser Weise eine Belastung, wenn Sie mit einer »Knoblauchfahne« herumgehen, aber was tut man nicht alles für die Gesundheit … oder?

Knoblauch hilft bei **Bluthochdruck**, **Kopfschmerzen**, **Schwindel**, **Schlaflosigkeit**, **Arterienverkalkung** und **Herzmuskelschwäche**. Er sorgt hier für eine Stabilisierung des Kreislaufsystems und hilft, die Kräfte nach Infektionskrankheiten wiederherzustellen.

Er ist auch ein ausgezeichnetes Mittel bei **Augenleiden**. Ein östliches Sprichwort sagt: »Wer krank und schwach an den Augen ist, der esse 40 Tage lang eine Knoblauchzehe - die Augen werden davon wieder so klar, dass man alle Sterne des Himmels zählen kann.«

Eine Freundin erzählte mir, sie behandle fast alles mit Knoblauch. Selbst eine schmerzhafte bakterielle **Scheidenentzündung** habe sie in kurzer Zeit damit geheilt. Sie fädelte hierzu eine Knoblauchzehe auf einen Faden und benützte sie wie einen Tampon.

Weitere Anwendungsgebiete des Knoblauchs erstrecken sich über **Lungenasthma** und **Tuberkulose**, **Leber-** und **Gallenleiden**, **Herzkranzgefäßverkalkungen**, **Nikotinvergiftung**, sogar als Unterstützung bei krebsartigen **Geschwüren**, bis hin zur **Blutreinigungskur**.

Wissenschaftliche Untersuchungen an Tieren bestätigten den Volksglauben von der krebsfeindlichen Wirkung des Knoblauchs: Krebszellen wurden nach einer Knoblauchbehandlung deutlich in ihrem Wachstum gehemmt.

Der Knoblauch wurde in früheren Zeiten auch außerhalb der medizinischen Anwendung zu religiös-rituellen Zwecken genutzt. Wer kennt nicht die Legende vom Knoblauch, der böse Geister und Dämonen abschrecke? Viele rieben sich damals mit dem Saft ein, um Zauberei und Verhexungen zu widerstehen. Andere trugen ständig Knoblauch bei sich oder hingen sich ein Bündel Zehen über das Bett. Sie sehen, der Knoblauch hat es in sich!

Manche Religionen, schon in der Antike, verbieten allerdings den Knoblauchgenuss. Er stimuliere zu sehr die »irdischen Gelüste«, heißt es - wie die Zwiebel, der eine ähnliche Wirkungsweise nachgesagt wird, weshalb Priester und Eingeweihte häufig auf beides verzichteten.

Wer jedoch gerade seiner **sexuellen Kraft** einen aktivierenden Impuls geben möchte, dem sei aus Matthiolus' Schriften folgendes Rezept empfohlen: »Wer an ehelichen Zwecken nichts schaffen kann, der ess oft Knoblauch ... er bekommt wieder Lust und Kraft.« Mancherorts gab man dem Bräutigam vor der Hochzeitsnacht eine Knoblauchzehe in den Wein, um einen vergleichbaren Effekt zu erzielen.

In der Volksmedizin hat der Knoblauch, ähnlich dem Kohl, seinen besonderen Platz. Es gibt eine Vielzahl an Rezepten, von denen ich hier einige anführen möchte.

Bei **Erkältungen** und **Infektionen** der **Atemwege** nehme man Knoblauch, zerquetsche ihn zu Brei und vermische diesen mit Honig. Hiervon streiche man etwas auf Brot und esse davon täglich zwei bis dreimal.

Sehr wirksam ist auch Knoblauchöl. Es entstammt der russischen Gemüsemedizin und soll bei **Krämpfen** der **Herzgefäße** und damit zusammenhängender **Atemnot** helfen. Es reinigt die Gefäße und weitet sie.

Hierfür zerquetscht man einige Knoblauchzehen, legt sie in ein Glas Sonnenblumenöl, lässt das Ganze über Nacht ziehen und vermischt dann jeweils 1 Teelöffel davon mit 1 Teelöffel Zitronensaft und etwas abgeriebener Zitronenschale (biologisch!) Dies nimmt man zwei bis dreimal täglich zu sich, 1 bis 3 Monate lang.

Der Knoblauch hat auch wurmabtreibende Wirkung. **Faden-** und **Spulwürmer** konnten durch Knoblauchklistiere erfolgreich bekämpft werden.

Hierfür wird eine Knoblauchzehe zerrieben und mit 1 Glas Wasser 5 Minuten gekocht. Man lässt das Ganze abkühlen und kann es dann als Einlauf, z. B. mittels einer Klistierpumpe, verabreichen. Dies macht man 3 Tage lang, zusätzlich kann man morgens 1 Glas Milch und 1 bis 2 Knoblauchzehen zu sich nehmen.

Bei **Warzen** und **Nagelpilz** hilft es, wenn man die betroffene Stelle mit Knoblauchsaft einreibt.

Achtung!

Zu beachten bei allen Knoblauchanwendungen: **Knoblauch senkt den Blutdruck**!

Die Zwiebel

Eine ebenso scharfe und heilkräftige Gemüseknolle wie der Knoblauch ist die Zwiebel (Allium cepa). Auch sie wird gerne in der Küche verwendet. Doch sollte man darauf achten, dass Knoblauch und Zwiebel zusammen gegessen nicht gerade verträglich sind, denn sie können schmerzhafte Gärungsprozesse im Darm verursachen, wohingegen jedes für sich allein Fäulnisprozesse gründlich beseitigt.

Heilwirkungen der Zwiebel

Am häufigsten findet die Zwiebel Anwendung als Auflage oder Wickel bei **entzündlichen Prozessen**. Die heilkundigen Pfarrer Künzle und Kneipp konnten damit große Erfolge verbuchen.

Gerade Pfarrer Künzle war ein Freund der Zwiebelauflagen. Nach ihm ziehen sie, auf kranke Körperstellen platziert, die krank machenden Stoffe so energisch heraus, dass die Auflagen ganz schwarz werden.

Hierbei werden Zwiebeln in Ringe geschnitten und heiß gemacht, aber nicht gebraten oder gedünstet. Dann bringt man die heißen Ringe in ein Säckchen aus porösem Stoff und legt es auf die leidende Stelle. Darüber kommen ein wasserfestes und ein wollenes, warmes Tuch.

Bei **Nervenschmerzen** und **nervöser Übererregung** wird eine Auflage mit Zwiebelringen auf die schmerzende Stelle der Nervenenden gelegt. Sie hat eine beruhigende, schmerzlindernde Wirkung.

Eine Auflage mit warmen Zwiebelringen hilft bei **nervösen Magenbeschwerden**, **erkältetem Magen**, bei **Abszessen** und **Furunkeln**, bei **Lymphdrüsenentzündungen** und sogar bei **Haarausfall**.

Ein bewährtes Rezept bei **Mittelohrentzündung**, das ich selbst mit großem Erfolg ausprobiert habe und weiterempfehlen kann: Mein kleiner Sohn erkrankte mit drei Jahren an einer äußerst schmerzhaften Mittelohrentzündung. Ich schleppte das brüllende Kind zum Arzt, der ihm sofort Antibiotika verordnete. Da mein Kind wegen einer schweren Erkältungskrankheit kurz zuvor schon Antibiotika bekommen hatte, war ich über die erneute Verordnung nicht eben begeistert. Ich brachte den Kleinen wieder nach Hause und beschloss, diese Nacht mit der Einnahme des Medikaments noch zu warten und ein Mittel anzuwenden, wovon mir meine Großmutter erzählt hatte, dass es ihren Kindern geholfen habe.

Ich gab meinem Sohn ein Schmerzzäpfchen, und nachdem er sich beruhigt hatte und eingeschlafen war, steckte ich ihm ein Wattestückchen, getränkt mit Schwedentropfen, vorsichtig ins Ohr und legte ihn mit dem kranken Ohr auf ein Kissen, das mit Zwiebelringen gefüllt war. Der Morgen kam, und von der Mittelohrentzündung war so gut wie nichts mehr geblieben. Mein Sohn hatte keine Schmerzen mehr und auch seitdem nie wieder eine Mittelohrentzündung.

Vielleicht hätte ich mir auch einen Zwiebelumschlag auf den Solarplexus legen sollen, um meine Nerven zu beruhigen, denn jede Mutter weiß, wie nervenzerreißend ein Kleinkind brüllen kann, wenn es Ohrenschmerzen hat.

Bei allen **Kopferkrankungen**, wie **Stirnhöhlenkatarrh** und **-eiterung** und **Augenentzündung**, lindert und heilt ein Zwiebelumschlag, um den Hinterkopf gebunden, die Beschwerden.

Warnung!

> Bei bestehenden Nieren- und Zuckerleiden dürfen Auflagen auf kranken Körperteilen unter keinen Umständen angewandt werden; sie würden die Erkrankung noch verschlimmern.

Weitere Heilanwendungen

Bei **Erkältungskrankheiten** der **Atemwege** hat sich die »Zwiebelschmeer« bestens bewährt. Zwiebeln werden hierbei in Fett ausgebrutzelt, und das Ganze wird dann, etwas abgekühlt, so warm wie möglich direkt auf die Brust als Auflage gegeben. Dabei löst sich selbst der zäheste Schleim; somit kann eine **Lungenentzündung** verhindert werden. Die Zwiebelschmeer sollte jede Stunde erneuert werden.

Mein Favorit bei **Husten** ist zwar der Rettich (siehe nächstes Kapitel), aber auch Zwiebelsirup ist sehr wirksam. Hierfür nimmt man 3 große Zwiebeln, hackt sie klein und kocht sie 2 bis 3 Stunden in 1 Liter Wasser und 1 Pfund Zucker. Davon nimmt man mehrfach täglich 1 Esslöffel zu sich.

Bei **Heiserkeit** und **Stimmbandkatarrh** soll Gurgeln mit Zwiebelwasser helfen. $^1/_2$ Zwiebel klein hacken, in $1^1/_2$ Liter Wasser kochen und einen halben Tag ziehen lassen. Dann abseihen und täglich mehrmals gurgeln.

Zwiebeln werden ganz mild, wenn man sie mit etwas Zitronensaft mischt; gegen den unangenehmen Nachgeschmack helfen hinterher Äpfel oder Petersilie. Innerlich angewandt, wirken Zwiebeln krampflösend und blutreinigend, durchblutungsfördernd, schleimlösend und überhaupt entgiftend.

Pfarrer Künzle empfiehlt uns ein weiteres hervorragendes Mittel bei **Kindererkrankungen**: stündlich 1 Esslöffel Zwiebelsirup bei **Erkältungskrankheiten**. Den Sirup stellt man auf folgende Weise her: Zwiebeln werden in Scheiben geschnitten und mit Honig zu einem dicken Sirup eingekocht, wobei 1 Pfund Zwiebeln auf $^1/_2$ Pfund Honig kommt.

Ein ähnliches Rezept: Honig oder Zucker in einer ausgehöhlten Zwiebel über Nacht ziehen lassen. So hat mein Bruder einen hartnäckigen **Husten** bereits nach zwei Anwendungen zum Verschwinden gebracht - was uns wieder zeigt: Die Apotheke aus dem Gemüsekorb wirkt oft sehr schnell und direkt.

Neuere Forschungen weisen der Zwiebel auch **Asthmaanfällen** vorbeugende Eigenschaften zu. Hierfür isst man täglich etwa 50 Gramm frisch gehackte Zwiebeln.

Eine richtige Zwiebelkur sollte bei **Wasseransammlung** im Körper (Bauch, Beine, Leber, Herz) durchgeführt werden, da die Zwiebel eine stark harntreibende Wirkung bei allen Nieren- und Kreislauferkrankungen hat: Einige Zwiebeln (zur Geschmacksverbesserung mit Honig vermischt) einige Tage lang zu sich nehmen - und alles Wasser im Körper soll beseitigt sein.

Eine halbierte Zwiebel unter die Nase gehalten, hilft gegen **Nasenbluten**.

Bei **Hämorrhoiden** sollen Zwiebeln Erleichterung bringen, wenn man sie schält, in Baumöl (Olivenöl) einlegt und dann, in ein kleines Säckchen eingenäht, fingerdick in den After schiebt (selbstverständlich so, dass man es wieder herausholen kann!).

Prellungen und **Zerrungen** können sehr schmerzhaft sein, besonders an den Fußgelenken. Kleingehackte Zwiebeln werden hierbei als Zwiebelsäckchen auf die schmerzende Stelle gelegt. Stattdessen können Sie auch ein weiches Tuch, getränkt mit Zwiebelsaft, nehmen. Mehrere Tage wiederholen.

Bei **Schlafstörungen** kann die Zwiebelmilch hilfreich sein. Hierfür zerstampft man eine kleine Zwiebel und gießt ein großes Glas Milch darüber. Eine Stunde ziehen lassen, dann abseihen und langsam trinken.

Zur Behandlung von **Insektenstichen** wird eine halbe rohe geschälte Zwiebel auf die gerötete Stelle aufgelegt.

Dies hilft auch bei **Entzündungen**, **Blutergüssen**, **Schwellungen**, **Abszessen** und zum Reduzieren von **Altersflecken** auf den Händen.

Narbengewebe lässt sich sehr gut mit Zwiebelextrakt behandeln. Es gibt einige Narbengele mit Zwiebelextrakt, die hier schnell und gut wirken.

Da diese Gemüseknolle auch antibakterielle und virushemmende Eigenschaften hat, stärkt sie die Immunkräfte des Körpers. Eine sehr interessante Erfahrung hierzu stammt von einer Patientin, die an einer **Lungenentzündung** erkrankt war. Sie schnitt beide Enden einer Zwiebel ab, stach mit einer Gabel hinein und stellte sie auf einem Teller über Nacht neben das Bett. Am nächsten Morgen war die Zwiebel ganz schwarz und der Frau ging es schon wesentlich besser.

Die Zwiebel scheint also Krankheitskeime regelrecht »einzufangen« und zu vernichten. Wenn man nun z. B. in Grippezeiten einige ungeschälte Zwiebeln in einem Wohnraum oder neben dem Arbeitsplatz platziert, kann uns dies helfen, gesund zu bleiben.

Und hier noch ein Rezept für Babys, wenn sie verschnupft sind: Damit die **Nasenschleimhäute** abschwellen können und das Baby wieder durchatmen kann, hingen uns die Großeltern klein geschnittene Zwiebeln in einem Socken über unser Bett. Das half!

Maurice Messegué, der französische »Heilpflanzenpapst«, hat in seiner Naturpraxis mit der Zwiebel ebenfalls ganz erstaunliche Erfahrungen gemacht.

Ein sehr beeindruckendes Erlebnis schildert er in seinem Buch »Das Gesetz der Natur« (das ich auch wegen seiner Lebensklugheit schätze). Einen von den Ärzten aufgegebenen nierenkranken Mann, der seit drei Tagen kein Wasser mehr lassen konnte und im Sterben lag, behandelte Messegué folgendermaßen: Er rieb dem Kranken die Nierengegend kräftig mit Zwiebelsaft ein, worauf die Niere nach ein paar Stunden wieder zu arbeiten begann. Der Mann war gerettet. Welch erstaunliche Kraft doch in solch einer kleinen Zwiebel steckt!

Rettich und Meerrettich

Heilwirkungen des Rettichs

Der Rettich (Raphanus niger) ist eine sehr alte Kulturpflanze; als Heilpflanze taucht er schon bei den Griechen auf und auch in den medizinischen Schriften des Mittelalters fehlt er nicht. Dort wird er erwähnt als stein- und harntreibendes Mittel bei schweren **Infektionskrankheiten** wie **Pocken** und **Masern** sowie **Leber**- und **Darmerkrankungen**.

Er ist auch heute noch ein weit verbreitetes Volksheilmittel und wird viel bei **Gallenbeschwerden** und **Verstopfung** angewandt, da er die Produktion des Gallensaftes anregt und auswurffördernd wirkt.

Als Saft eignet sich der Rettich hervorragend zur Bekämpfung von **Erkältungs-** und **Keuchhusten**. Es ist nicht so entscheidend, ob schwarzer oder weißer Rettich genommen wird, ich persönlich bevorzuge den schwarzen Rettichsaft, da ich ihm die intensivere Heilwirkung zusprechen möchte.

Wenn der **Husten** trocken und krampfartig im Hals sitzt wie bei **Keuchhusten**, so ist folgendes Rezept sehr zuverlässig und besser als so mancher Hustensaft: Ich gab einem Kind, das seinen Husten nicht loswerden konnte, schwarzen Rettichsaft zu trinken. Dazu höhlte ich einen schwarzen Rettich mit einem Löffel etwa zur Hälfte aus, füllte ihn dann mit Honig und ließ das Ganze über Nacht stehen. Den gezogenen Saft verabreichte ich dem Jungen teelöffelweise über den ganzen Tag verteilt - und am zweiten Tag war der Husten bereits verschwunden (vgl. Zwiebelrezept).

Bei **Angina** haben sich Rettichsamen, in 1 Esslöffel Honig mit einer $^{1}/_{2}$ Tasse Essig gekocht, sehr bewährt. Die Mischung wird mit Wasser so weit verdünnt, dass ihre Schärfe erträglich wird, und mehrmals täglich gegurgelt.

Die stark desinfizierende Wirkung des Rettichs ist ja bekannt, weniger vielleicht seine Fähigkeit zur **Entgiftung**: Wer giftige Pilze gegessen hat, muss natürlich ins Krankenhaus - früher nahm man hingegen abgekochte Rettichsamen, am besten mit Honig vermischt.

Rettichsaft wird auch bei **Entzündungen** der **Gallenblase**, bei **Gallengrieß** und **Gallensteinen** verwendet. Saftkuren beginnt man mit 100 g täglich und steigert dann bis zu 400 g. Der Rettichsaft säubert die Gallenwege und hilft allen Gallen- und Leberkranken.

In Wasser gekochter Rettich, von dem man jeden Morgen nüchtern 3 kleine Becher trinkt, soll **Gallen**- und **Nierensteine** im Körper zertrümmern und austreiben.

Beachten!

Bei Leber- und Galleproblemen bitte diese Anwendungen nicht ohne vorherige Absprache mit Ihrem Arzt oder Heilpraktiker!

In den Kräuterbüchern des 16. Jahrhunderts taucht des Öfteren ein Rettichwasserrezept auf, dem man eine gewisse antibiotische Wirkung zuschreibt: »Wer ein Geschwär an den Nieren oder Blasen habe, also daß sie im Harnen Eyter von sich geben«, soll Rettichwasser nehmen, denn es »reiniget das Geschwär, und nimmt den Eyter hinweg«.

Bei **Darm**- und **Magenschleimhautentzündungen** aber ist Rettich wegen des hohen Gehalts an Senfölen und Schwefelverbindungen zu meiden. Nicht alles, was gesund ist, ist auch für jeden einzelnen gleich bekömmlich. Jeder Mensch muss wissen, welche Mittel für ihn gut sind und welche er lieber meiden sollte.

Damit es dem »Bauche gut sey«, gibt uns der antike Kräuterkundige Dioskurides in Bezug auf den Rettich folgenden Rat: »Der Rettich erwärme, aber blähe den Laib und mache viel Grützen, sei dem Mund süß, aber dem Magen zuwider. Man müsse ihn aber nach aller anderen Speiß einnehmen, also helfe er der Dauung, fördere die Auftheilung der Speiß in die Glieder. Aber vor der Speiß genommen, treibe er die Speiß über sich.« Auch soll der Rettich nicht mehr am Abend verspeist werden, das legt uns der Gemüsearzt eindringlich ans Herz.

Bisse giftiger Tiere wurden im Mittelalter mit großem Erfolg mit Rettich behandelt. Hierzu brannte man eine Art Rettichschnaps. Manchmal wurde auch nur abgekochter Rettichsud verwendet und mit einem Tuch über die Wunde gelegt.

Gegen **Ungeziefer** (**Bakterien/Pilze**) jeder Art, die sich auf der Kopfhaut und auch auf anderen Stellen des Körpers ansiedeln, und bei **Unreinheiten** der **Haut** nimmt man ebenso Rettich. Man legt hierzu ein benetztes Rettichsudtüchlein auf oder wäscht die Haut damit. Die hautreizenden Stoffe der Wurzel sind hauptsächlich auf die in ihr enthaltenen Senfölkomponenten zurückzuführen.

Rettichsaft, pur ins Ohr geträufelt, soll sogar das Gehör wiederbringen. Öl aus Rettichsamen lindert **Ohrenschmerzen**.

Wer übrigens über **kahle Kopfstellen** klagt, kann es einmal mit einem »Rettichhaarwuchsöl« probieren. Hierzu verwende man Öl von Rettichsamen, vermische es mit Asche von Stabwurz und streiche es regelmäßig auf die kahlen Stellen.

Haben Sie übrigens gewusst, dass man Rettich nicht gesalzen essen sollte? Gesalzener Rettich mit Bier, das Heiligtum der Bayern im Biergarten, ist eines der ungesündesten Genussmittel. Dagegen ist Rettich, mit Zucker oder Honig zu Saft gezogen, ein - wie bereits erwähnt - hochwertiges Heilmittel.

Heilwirkungen des Meerrettichs

Auch der Meerrettich (Amoracia rusticana) hat eine sehr starke harn- und steinaustreibende Wirkung.

Hierzu ist folgendes Rezept besonders wirksam: Meerrettichwurzeln werden klein geschnitten und über Nacht in Weißwein gelegt. Sie sollten diesen Sud morgens trinken, aber bedenken Sie dabei, dass eine alkoholische Gärung stattgefunden hat!

Der Meerrettich vermag jedoch noch weit mehr. Er verfügt über schleimlösende und bakterizide Wirkstoffe, so genannte Phytonzide, die auch in Präparaten der pharmazeutischen Industrie Verwendung finden. Ein Meerrettichwickel um den Hals gelegt stoppt jede **Angina**!

Dabei muss aber unbedingt darauf geachtet werden, dass die fein geraspelte Meerrettichwurzel in ein, besser noch zwei Tücher eingewickelt um den Hals geschlagen wird. Niemals auf die nackte Haut geben! Bei Kindern den Wickel bitte nur mit Vorsicht anwenden.

Diese Anwendung würde ich als »Rosskur« bezeichnen. Sie ist scharf und brennend, der Erfolg aber sicher. Ich selbst konnte mich auf diese Weise von einer schweren scharlachähnlichen Angina sozusagen über Nacht befreien - was trotz dieser Tatsache jedoch nicht gerade angenehm war.

Grippalen Infekten, **Halsentzündungen** und **Atemwegsinfekten** wird der Garaus gemacht, wenn man den Mut hat und sich an diese Wurzel wagt.

Das »**viertägige Fieber**« ist zu behandeln mit Rauten, zerstoßenem Pfeffer und geriebenem Meerrettich: Reiben Sie damit den Rücken ein.

Gegen das »**dreitägige Fieber**« geht man vor, indem man Meerrettich mit Salz zerstößt, diese Mischung auf die Pulsadern legt und sie dann zubindet.

Wer **Schwierigkeiten** mit dem **Wasserlassen** hat, lege sich zerstoßene und in Butter geröstete Meerrettichwurzeln warm über die Blase.

Eine Breiauflage aus frisch zerriebenem Meerrettich hilft bei **rheumatischen Schmerzen**, ebenso bei **Nerven-** und **Muskelschmerzen**.

Aufgrund einer generellen Stoffwechselanregung wird auch **Gicht** durch Meerrettich (zusammen mit Honig eingenommen) günstig beeinflusst.

Wissenschaftliche Untersuchungen haben gezeigt, dass die Pumpleistung der Darmzotten (diese sind für die Pumpwirkung auf Blut und Lymphe verantwortlich, da sie sich rhythmisch zusammenziehen) durch Meerrettich beträchtlich verbessert werden kann.

Schwarzwurzel und Sellerie

In der Küche ist sie ein schmackhaftes Gemüse - wer aber hätte der Schwarzwurzel (Scorzonera hispanica) auch gesundheitsförderliche Eigenschaften zugetraut?

Heilwirkungen der Schwarzwurzel

Abkochungen der Schwarzwurzel dienen zur **Wundbehandlung**. Sie enthält Allantoin, einen Stoff, der auch zahlreichen Wundsalben beigegeben ist. Er ist für die wesentliche Beschleunigung der Zellneubildung bei beschädigtem Gewebe verantwortlich, entfernt dieses, reinigt zudem die Wunde, wirkt hemmend auf den Schmerz und sorgt für eine gute Hautbildung. Das Gewebe bildet sich rasch nach, und stark beanspruchte oder verletzte, durch Umwelteinflüsse geschädigte oder gereizte und aufgeraute **Haut** wird wieder beruhigt, geglättet und gesundet wieder.

Sogar in der Kosmetik leistet die Schwarzwurzel gute Dienste. Schwarzwurzelwaschungen bei **Hautunreinheiten** und **Akne** geben der Haut wieder ein glattes, gesundes und zartes Aussehen zurück, und die Bildung von weißen Blutkörperchen und Lymphe wird ebenfalls angeregt. Wie wäre es also, statt chemisch aufbereitetem Gesichtswasser mal den Absud aus dem Kochtopf mit Schwarzwurzelgemüse zu verwenden?

Von der Schwarzwurzelküche profitieren **Zuckerkranke**, da der Kohlenhydratgehalt dieses Gemüses in einer Vorstufe des Fruchtzuckers vorliegt und insulinähnlich wirkt. Deshalb ist es für diese Kranken eine bekömmliche und passende Kost.

Heilwirkungen des Selleries

Sellerie (Apium graveolens) ist, stärker noch als Spargel, sehr stark wassertreibend. Die ätherischen Öle des Selleries erweitern die Nieren, führen zu einer erhöhten Wasserabgabe und scheiden auch gleich giftige Stoffwechselprodukte mit aus. Deshalb wird Sellerie auch bei **Rheuma** und **Gicht** empfohlen. Jeden Tag 2 Knollen Sellerie essen - ein wirklich hervorragendes Mittel gegen **Wasser-** und **Fettsucht**. Man kann den Sellerie auch auspressen und den Saft trinken, eventuell mit anderen Gemüsesäften gemischt, um ihn geschmacklich abzurunden. Die Wirkung ist die gleiche, man kann ihn öfter am Tag vor oder auch nach den Mahlzeiten trinken.

Zur Behandlung von **Wassersucht** möchte ich ein besonders interessantes Mittel aus der Heilapotheke meiner Großmutter anführen: Man nehme 1 Selleriewurzel (etwa 200 g), reibe sie auf einer feinen Raspel, gebe sie in 1 Liter 60%igen Weingeist und stelle das Ganze in den Keller oder bedecke es mit einem dunklen Tuch. Nach drei bis vier Wochen wird die Flüssigkeit abgeseiht und fein filtriert. Hiervon nehme man in etwas Wasser oder Kräutertee jede Stunde 10 oder alle 2 Stunden 20 Tropfen zu sich. Nach wenigen Tagen schwindet das Wasser aus den Beinen. Dies ist ein einfaches und wohltuendes Mittel ohne jede Nebenwirkung.

Der Sellerie ist, gerade in der kalten und nebligen Jahreszeit, ein richtiger Muntermacher: Er hilft und schützt uns gegen **Husten** und **bronchitische Beschwerden**, regt rundherum unsere Lebensgeister wieder an, vertreibt die »schlechten Winde«, stärkt und unterstützt die Heilung von **Magenschwäche** und **Blähungen**, hilft den Nieren bei ihrer Arbeit und soll auch bei **Ausbleiben** der **Regel** schon geholfen haben.

Frisch ausgepresster Selleriesaft schmeckt vielleicht nicht jedem, aber mit anderen Säften gemischt (z. B. mit Apfelsaft) ist er gut genießbar. Eine Kur von dreimal täglich $^1/_2$ Tasse soll **rheumatische Beschwerden** vertreiben.

Wer allerdings dem Geschmack gar nichts abgewinnen kann, der sollte sich auch nicht dazu zwingen, nur weil der Saft so gesund ist. Wie überall, gilt auch hier die Regel, dass uns unser Instinkt, wenn wir auf ihn achten, die für uns richtige Medizin oder Heilnahrung anzeigt. Wenn wir eine deutliche Abneigung bei dem einen oder anderen Mittel verspüren, hat das sicher seinen Grund. Wir sollten dann besser die Finger davon lassen, da es uns wohl eher schaden als nützen würde.

Im Volksglauben soll Sellerie **Ängste** vertreiben und auch sexuell anregend wirken - im Mittelalter wurde er deshalb als **potenz**steigerndes Mittel eingesetzt. Sicherlich nicht ganz zu Unrecht, da Paracelsus schreibt: »Wen die Angst aufzufressen beginnt, und wer nicht Herr darüber wird, der esse an jedem zweiten Tag einen Stängel Sellerie.« Zu erklären ist das heute sicherlich durch die erhöhte wasseraustreibende Wirkung, durch die auch Säuren aus dem Körper ausgeschieden werden, welche wiederum die Ursache für Depressionen und Nervenstörungen sein können.

Frische **Wunden** können sehr gut (nach einem Ratschlag meiner Großmutter) mit frisch gepresstem Selleriesaft ausgewaschen werden; ebenso lassen sich auch ältere **Geschwüre** damit bestreichen - der Saft lindert das Übel und beschleunigt die Heilung.

Der Selleriesaft und -absud wirkt äußerst haarkräftigend und wachstumsfördernd. Wahrscheinlich sind hierfür die hormonartigen Stoffe verantwortlich, die in der Sellerieknolle enthalten sind. Der Ausspruch Paracelsus' hat sicher seine Berechtigung, wenn er uns auffordert: »Esst Sellerie, Leute.«

Die Selleriewurzel findet ihre Anwendung auch bei **Gicht**, da ihre wasseraustreibende Wirkung Purine (Bausteine der Nukleinsäuren; in Lebensmitteln tierischer Herkunft in hoher Konzentration vorhanden) aus dem Körper ausspült.

Hierzu nimmt man 1 Esslöffel frisch gehackte Sellerie, gibt sie in $^1/_2$ Liter Wasser und kocht dies auf. Man lässt den Aufguss 4 Stunden stehen und seiht ihn ab. Dann trinkt man davon 2 Esslöffel eine halbe Stunde vor dem Essen. Machen Sie damit eine Kur 3 Wochen lang.

Die rote Rübe

Die rote Rübe (Beta vulgaris), besser bekannt unter dem Namen »Rote Bete«, ist zwar sehr beliebt als Salat, ihre heilenden Eigenschaften jedoch kennen nur wenige.

Heilwirkungen der roten Rübe

In dieser Knolle befinden sich alle Mineral- und Nährstoffe, die der menschliche Körper benötigt. Es sind physiologisch hochwertige Eiweißbausteine darunter, reichlich Mineralstoffe und auch Kohlenhydrate. Diese Rübe ist ein vorzügliches Mittel gegen **Infekte** aller Art wie z. B. **Grippe**. Vor allem Menschen, die an **Blutarmut** leiden und sich schwach fühlen, sollten es einmal mit dem Saft der roten Rübe probieren. Mit Äpfeln zusammen ausgepresst und täglich davon $^{1}/_{4}$ Liter schluckweise getrunken, kann ganz außerordentlichen gesundheitsfördernden Wert haben.

Ein Blick auf die Forschungen des ungarischen Arztes Dr. Alexander Ferenczi: Er fand 1961 den tumorfeindlichen Wirkstoff Anthocyan in der roten Rübe. Durch dieses Cyanid werden die Krebszellen geschädigt; die rote Rübe wirkt jedoch auch durch die sauerstofffördernde Eigenschaft des eisenhaltigen Farbstoffes **krebshemmend**. Zudem konnte Dr. Ferenczi bei Anwendung der roten Rübe eine deutliche Gewichtszunahme und eine Besserung der Blutsenkung beobachten. Ein weiterer Mediziner, der deutsche Arzt Dr. Siegmund Schmidt, konnte bei Leukämiekranken ähnlich günstige Wirkungen der roten Rübe feststellen. Einige Ärzte berichten sogar bei Tumoren von erheblichen Besserungen durch die Behandlung mit roten Rüben.

Rote Bete soll auch die Eigenschaft besitzen, **Gallensteine** aufzulösen. Ein Rezept verspricht dies, wenn man kleingeschnittene rote Bete solange kocht, bis sich eine dicke Masse bildet. Hiervon nimmt man täglich dreimal 3 Esslöffel zu sich. Alternativ kann man täglich dreimal 1 Esslöffel Rote-Bete-Saft, zu gleichen Teilen vermischt mit Karotten- und Zwiebelsaft, trinken.

Einige Heilanwendungen mit der Roten Bete sind auch in der Volksmedizin zu finden.

In östlichen Ländern beispielsweise schwören Frauen in den **Wechseljahren** auf diese Wurzel. Täglich ein kleines Glas Rote-Bete-Saft, vermischt mit Apfelsaft, soll die Stimmung heben und die **Nerven** beruhigen. Ebenso hilfreich sei eine Mischung aus Rote-Bete-, Spinat- und Karottensaft, besonders bei **Migräne** in den Wechseljahren. Jede Frau erlebt die Wechseljahre etwas anders, deshalb ist es eine individuelle Angelegenheit, welcher Saft einer Frau nun förderlich ist. Auf jeden Fall kann das tägliche Trinken eines Glases Rote-Bete-Saft in der einen oder anderen Mischung bestimmt nicht schaden. 3 bis 4 Wochen sollte eine solche Kur allerdings schon dauern, um eine deutliche Besserung der Befindlichkeit zu verspüren. Probieren Sie's aus!

Ein russisches Heilrezept verspricht schnelle Besserung bei **Kopfschmerzen**, wenn man einen Wattebausch in frischen Rote-Bete-Saft taucht und diesen in ein Ohr gibt, solange, bis der Schmerz nachlässt.

Auch **Schnupfen** lässt sich mit dem Rote-Bete-Saft behandeln. Hierfür nimmt man einige Tropfen und gibt sie mehrmals täglich in die Nasenlöcher.

Da die russische Küche Rote Bete besonders gerne verwendet, gibt es hier auch die meisten Heilrezepte zu dieser Knolle.

Ein weiteres Beispiel: Bei **erhöhtem Blutdruck** wird Rote Bete gerne in Verbindung mit Cranberry und Honig eingesetzt. Vermischen Sie hierzu 1 Teil Rote-Bete-, 1 Teil Karotten- und $^{1}/_{2}$ Teil Cranberrysaft mit $^{1}/_{2}$ Teil Wodka und nehmen Sie davon dreimal 1 Esslöffel vor dem Essen. Wegen des Alkohols jedoch nicht unbedingt für eine Daueranwendung geeignet!

Wie Sie erneut sehen: Ein einfaches Gemüse - doch welche Heilkraft steckt in ihm!

Mit diesem besonderen Gemüse, der roten Rübe, wollen wir uns von den Wurzeln verabschieden und uns den Gemüsefrüchten zuwenden, also dem Gemüse, das über der Erde wächst.

Diese Gemüsesorten helfen vor allem im Rahmen einer Heildiät und der gesunden Ernährung durch ihren Reichtum an Vitaminen und Mineralstoffen. Doch gibt es auch hier wiederum einige, die durch ihre besonderen Heileigenschaften hervorzuheben sind.

Gemüsefrüchte

Der Paprika

So mancher hat in einem südlichen Land die Erfahrung gemacht, dass ihm eine deftige Gulaschsuppe oder eine Pizza den Schweiß aus allen Poren trieb und einen kräftigen Schluck hinterher verlangte. Paprika (Capsicum annuum) brennt fürchterlich, wenn es eine von den schärferen Schoten ist; aber keine Angst, er zerstört nicht die Darmflora, während er so manchem schädlichem Keim den Garaus machen kann. Schwitzen Sie ruhig, das tut gut, und der Kreislauf bleibt in Schwung. Doch sollten Darmkranke lieber vorsichtig sein, und wer einen **nervösen Magen** hat, dem würde ich ebenfalls davon abraten. Wenn man jedoch gesund ist, dann gibt es kaum ein besseres Gemüse, das einen in Schwung bringt. Sollten Sie etwas zu feiern haben, nehmen Sie Paprika als Gewürz oder Gemüse zur Suppe, und die Party wird sicherlich ein Erfolg.

Heilwirkungen des Paprikas

Er ist zum einen eine wahre Vitaminbombe (mit besonders hohem Gehalt an Vitamin A und C) und schützt uns somit vor mancher **Infektion** oder **Mangelversorgung**. Zum anderen gehört er zu den »Polizisten« wie der Knoblauch und die Zwiebel, die wir schon besprochen haben. Der Paprika wirkt ebenso antibakteriell und desinfizierend und kann als pflanzliches »Antibiotikum« eingesetzt werden. Nach Dr. Schneider zerstört Paprikapulver im Darm krankhafte Gärungserreger und unterstützt zugleich die Funktion der normalen Kolibakterien. Gerade die Chiliarten des Paprikas haben wegen ihrer Schärfe große gesundheitliche Bedeutung, da sie die Drüsen des Verdauungssystems im Körper zu einer erhöhten Produktion von Verdauungssäften veranlassen; darüber hinaus wirken sie kreislaufanregend (besonders bei älteren Menschen). Um die Verdauung stark anzuregen (Anregung der Gallenblase), kann man auch ausgepressten Paprikasaft unter das Essen mischen.

Doch hierbei ist Vorsicht geboten. Zuviel des Guten kann Durchfall und Reizungen der Magen- und Darmschleimhaut bewirken. Für den scharfen Geschmack dieser Paprikasorten sind die so genannten Kapsaizinoide verantwortlich, ein Gemisch von fünf verwandten Säureamiden, die noch in einer Verdünnung von 1:2 Millionen wahrnehmbar sein sollen.

Mit Paprika lassen sich äußerlich Einreibungen machen, die, so sagt der Volksmund, »Lahme wieder gehen lassen«.

Hierzu mischt man nach Dr. Schneider 65 ml Paprikatinktur mit 20 ml Seifenspiritus, Kampfergeist, 5 ml Salmiakgeist und 5 ml Rosmarinöl und reibt damit die schmerzenden Stellen ein. Dieses Mittel ist hautreizend und wirkt sich positiv aus bei **Rheumatismus** und **Rippenfellentzündung**.

Auch bei äußeren Anwendungen möchte ich jedoch zur Vorsicht raten. Empfindliche Haut sollte lieber von der äußerlichen Anwendungsform verschont bleiben, bevor ein Zuviel mehr Schaden anrichtet als Heilung bringt, denn Reizungen sind natürlich auch auf der Haut möglich. Im Zweifelsfall das Rezept immer mit einer kleinen Probe auf seine Verträglichkeit hin testen. Lieber weniger als zu viel, sollte auch hier, wie so oft in der Naturheilkunde, das Motto sein.

Wer keine Halstabletten lutschen will, der verwende bei **Halsschmerzen** eine 10%-ige Paprikatinktur und nehme davon $^1/_2$ Teelöffel auf 1 Glas Wasser zum Gurgeln.

Gurke und Melone

Wenden wir uns jetzt den Gurkengewächsen zu. Hierzu zählen nicht nur die grünen Gemüsegurken, sondern auch Zucchini, Melonen und Kürbisse. Sie alle haben wassertreibende, stuhlregulierende und reinigende Eigenschaften.

Heilwirkungen der Gurke

Zur Zubereitung der Gurken (Cucumis sativus), von unseren Vorfahren Cucumern genannt, lassen wir Jacobus Theodorus Tabemaemontanus zu Wort kommen: »Wo man unter die Cucumern Öl untersetzet, so rümpfet sich und zeucht zusammen aus Feindschaft. ... jedoch soll man, nachdem sie geschält, scheibchenweis zerschnitten, Salz darüber tun, ein halb Stund oder mehr lassen stehen, so zeucht es die übrige Feuchtigkeit heraus, so man hinwegwerfen soll, und hernach Öl und Salz dazutun. So man zuviel ißet, erkalten sie das Blut und erwecken faule Fieber. ... Die Frucht zerschnitten und übergelegt: kühlen die hitzige **Geschwulst**.«

Die alten Kräuterbücher unterscheiden den Birnen-Cucumer vom teilweise bitteren wilden Cucumer (Cucumer asinius, Cucumer minor pyritormis).

Gerade die Wurzel dieser bitteren Sorte soll eine spezielle Wirkung bei langwierigen **Kopfschmerzen** haben. Hierzu zerschneide man die Wurzel in kleine Stücke, gebe einen Teil Wermut hinzu und lasse das Ganze in Wasser und Olivenöl sieden, bis die Wurzelstücke weich sind. Diese lege man dann wie ein Pflaster auf den Kopf.

Auch in der neueren Volksmedizin wird die Gurke genutzt. Wurzelsaft und Brühe der gekochten Wurzel treiben **Wasser** aus Leber, Milz und gesamtem Körper.

Die Gurke besitzt somit reinigende, austreibende und entschlackende Wirkstoffe, die Gifte abtransportieren und aus dem Körper schwemmen. Diese Wirkung beruht vornehmlich auf dem großen Basenüberschuss der Gurke.

Man kann, um diese entgiftende, entwässernde (harnsäurelösende) Wirkung auszunützen und **Nieren-** und **Blasensteinen** entgegenzuwirken, mehrmals jeden Tag frisch gepressten Gurkensaft zu sich nehmen.

Bei **chronischer Verstopfung** und **hartem Stuhl** leistet der tägliche Verzehr von Gurkensalat gute Dienste. Hierzu sollte er nur mit 1 Zitrone, 1 Zwiebel und Öl zubereitet sein. Der Stuhl wird dann wieder weich.

Vornehmlich Diabetiker sollten Gurkensalat essen, denn seine insulinähnlich wirkenden Inhaltsstoffe senken den **Zuckergehalt** im Blut.

Die Gurke ist auch ein hervorragendes Pflege- und Heilmittel für alle Hautprobleme. Ihre beruhigende Eigenschaft hilft bei **Entzündungen** und **Wunden** aller Art.

Viele Frauen kennen die Gurke von der Kosmetik her: Gurkenmilch zur Reinigung oder Gurkensaft als Gesichtswasser wird ihnen sicherlich geläufig sein. Der Gurkensaft ist sehr wohltuend, erfrischt müde und angestrengte Haut und wird auch gern bei **Hautunreinheiten** angewandt. **Wunde Stellen** auf der Haut können, etwa in der Kinder- und Säuglingspflege, mit Gurkenmilch gut behandelt und gepflegt werden; dazu die betroffenen Hautbereiche sanft abtupfen. Selbst bei **Akne** kann Gurkensaft helfen, wenn man die Haut damit benetzt.

Gurken haben eine stark appetitanregende Wirkung, wobei jedoch ein schlecht gekauter Gurkensalat bisweilen unliebsame Unverträglichkeiten nach sich ziehen kann. Auch Menschen mit **Herz-** und **Nierenproblemen** sind gut beraten, saure und Salzgurken zu meiden, da deren hoher Salzgehalt für sie abträglich ist.

Ein Tipp von Nostradamus

Übrigens: Die Salatgurke sollte man nach Möglichkeit nicht grün oder unreif verzehren - so jedenfalls rät uns Nostradamus -, sondern erst, wenn sie reif ist. Erst dann hat sie eine goldgelbe Färbung und ist voll genießbar. Das ist natürlich leichter gesagt als getan, denn woher bekommt man reife und gelb geerntete Gurken? Hierzulande pflegt man sie im unreifen, flaschengrünen Zustand zu verzehren. Aber wer einen eigenen Garten hat, kann es mal ausprobieren. Gelb geerntet schmecken sie tatsächlich besser und sind bekömmlicher.

Die Heilkräfte der Frucht bleiben ungenützt, wenn wir sie roh essen. Reif verzehrt wirkt sie verjüngend. Maria von Medici bekam vom großen Heiler Nostradamus das Rezept des »Salats der Königinnen« persönlich überreicht, das ebenso bei **Depressionen** und Traurigkeit als auch zur Verjüngung helfen sollte, und dies bei der Medici offenbar auch tat.

Das Rezept: 6 Eisenkrautstängel, die Hälfte von 1 Weinstockblatt, die Hälfte von 1 Apfel, die Hälfte von 1 Gurke mischen, und diesen Salat einmal täglich genießen. Ich denke, es ist einen Versuch wert.

Heilwirkungen der Melone

Die saftigen und frischen Melonen (Cucumis melo), besonders die Wassermelonen, wirken ungemein erfrischend und sind deshalb bei vielen sehr beliebt.

Die Melone enthält Enzyme, die Entzündungsherde im Körper abbauen, und ihr hoher Kalium- und Magnesiumgehalt kann den Elektrolythaushalt des Körpers wieder ins Gleichgewicht bringen, wenn dieser von **Durchfällen** geplagt wird. Doch sei auch hier zur Mäßigung geraten, denn zu viel des Götternektars Melone kann wiederum Durchfälle und Bauchkrämpfe auslösen, da die enthaltenen Bitterstoffe zu Verdauungsstörungen führen können.

Diese Frucht, die eine Verwandte der Gurke ist, findet ebenfalls Anwendung in der Hautpflege. Ein uraltes, für heutige Begriffe exotisches Schönheitsrezept (nach Matthiolus) verspricht »eine köstliche Anstreichung für die Weiber: Nimm Melonen, Limonen, die Wurzel von Pfaffenbind [Aron] und Zaunrüben, jedes gleich viel, zerschneide alles, legs in ein Distillier-Kolben, geuß darüber Geißmilch, bis es ganz bedecket, destilliers, mit diesem gebrandten Wasser bestreich das Augenlid, so wird es klar.«

Ein weiteres Rezept: »Der Samen von Melonen gesotten, mit seinem eigenen Safft vermischt, Küchlein daraus gemacht und in der Sonne gedörrt, vertreibt allerley **Flecken** unter dem Angesicht, ein Salblein daraus gemacht mit Wein, und angestrichen.« Soweit zur Schönheit.

Eine griechische Bäuerin empfahl mir einmal, meinen **Sonnenbrand** mit Melonensaft zu behandeln. Es war eine ziemlich klebrige Angelegenheit - aber, wie ich feststellen konnte, nicht umsonst.

Es gibt auch Melonenpuder, der einen besonderen Wirkstoff, das Eiweiß spaltende Ferment Papayotin, enthält. Dabei handelt es sich um ein Enzym, das hartnäckige eiternde **Entzündungen** durch den Abbau degenerierter Eiweiße beim Abheilen unterstützt. **Wunde Stellen** oder **Geschwüre** lassen sich mit dem Puder bestreuen und heilen besser. Papayotin wird auch innerlich bei **Fettverdauungsstörungen** und **Dyspepsie** verwandt.

Der tropische Papayabaum, ein Melonenbaum, liefert übrigens nicht nur die süßen, wohlschmeckenden Papayafrüchte, die die Darmtätigkeit anregen, sondern auch den Latex (Milchsaft). Der Rohstoff Latex wird bei der Gummi- und Kaugummiherstellung verwendet.

Innerlich angewandt, soll Melonensaft auch bei **Fieber** gute Dienste tun. Galenus empfiehlt bei **fiebrigen Entzündungen** von **Leber**, **Nieren**, **Blase** und **Gebärmutter** »Gerstenwasser fast ein halb Maß, süße Mandeln 6 oder 8 Loth, Melonen und Kürbiskerne oder Samen jedes ein halb Loth oder auch etwas mehr, und eine Mandelmilch daraus machen«. Wie so eine »Mandelmilch auf Melonenbasis« nun im Einzelnen zubereitet wird, hat er uns leider nicht überliefert. Ich schlage vor, die Zutaten zu zerstoßen und zu zerkleinern und so lange zu sieden, bis eine mandelmilchähnliche Brühe entstanden ist. Diese wird dann abgeseiht und getrunken.

Nostradamus oder Intuition und Wissenschaft

All die Heilanwendungen, die wir bisher kennenlernten und noch kennenlernen werden, haben Eines zum Ziel: die Stärkung des Körpers, damit die ihm innewohnende Heilkraft den erkrankten Organismus wieder ins rechte Lot bringen und damit heilen kann.

Worauf beruhten diese alten Heilanwendungen, wie kamen etwa die Heilrezepte des spätmittelalterlichen Sehers und Heilers Nostradamus zustande, der uns bereits sein »Königinnen«-Rezept verriet?

Nostradamus - und nicht nur ihm - ging es um die Einheit von Körper, Seele und Geist, also eine »ganzheitliche« Betrachtungsweise, wie wir heute sagen. Alles ist eine Einheit, bedingt sich wechselseitig und muss in seiner Gesamtheit untersucht und betrachtet werden. Nostradamus, Paracelsus, Hildegard v. Bingen - sie alle erkannten Zusammenhänge auf eine Weise, der sich die moderne (Schul-)Medizin heute nur allmählich und vereinzelt zu öffnen wagt.

Viele der Heilrezepte aus dieser und noch älteren Zeiten entstammen nicht nur dem damaligen vorhandenen Wissen, sondern vornehmlich einem intuitiven Wahrnehmen und einer seherischen Begabung. Ein Beispiel aus heutiger Zeit wäre etwa der britische Arzt Dr. Edward Bach, der die mittlerweile weithin bekannten Bach-Blüten entdeckte und entwickelte.

Oft waren Ärzte und heilkundlich Gebildete des Mittelalters mystisch veranlagte Mönche, Nonnen und Kräuterfrauen. Erst im Zeitalter der Aufklärung und mit dem von ihr postulierten Primat der »ratio«, der nüchternen Vernunft, und ihrer mechanisch-technischen Betrachtungsweise wurde der Geist vom Körper getrennt und zwischen den Fakultäten an den Universitäten klare Grenzen gezogen. Für Descartes etwa, einem französischen Naturwissenschaftler und Philosophen, war das Universum lediglich ein riesiges Uhrwerk, das automatisch abläuft, und Krankheit wurde zu einem ausschließlich materiellen Problem des Körpers erklärt.

Die Intuition als Quelle von Erkenntnis und Wissen wurde ins Exil verbannt und landete auf dem Abstellgleis der universitären Wissenschaften. Erst im 20. Jahrhundert, etwa in der von C. G. Jung initiierten Tiefenpsychologie, die erkannte, dass Krankheit nicht nur ein materielles Problem des Körpers alleine darstellt, sondern ihre Ursachen im seelischen Bereich haben kann, begann sich ein Wechsel der Betrachtungsweise und eine Annäherung der getrennten Sichtweisen abzuzeichnen.

Ein moderner Wissenschaftler mag vielleicht noch immer den Kopf über Hildegard v. Bingen schütteln, die über unseren grünen Salatkopf sagt: »... [er] macht, ohne Würze gegessen, durch seinen unnützen Saft das Hirn des Menschen leer und erfüllt den Magen mit Schwäche ...«. Nichtsdestotrotz verbirgt sich hinter diesen Worten eine intuitiv-seherische Art des Erkennens, die wir wieder als Quelle von Wissen und Erfahrung gelten lassen sollten.

Der Kürbis

Der Kürbis (Cucurbita pepo) ist ein kleines Wunderwerk der Natur. Hildegard sagt von ihm, er sei für Gesunde und Kranke gut zu essen. Nun, Kürbisrezepte gibt es wirklich viele und sehr pikante, zum Beispiel Kürbissuppe, eine Delikatesse, oder eingemachte Kürbisse süß-sauer als Kompott, Gemüsebeilage oder Auflauf.

Es ist eine Pracht, ihn leuchten zu sehen, im Herbst, wenn er goldgelb oder gestreift im Garten liegt. Und zur Abwehr böser Geister soll er auch taugen - Halloween lässt grüßen! Dazu muss man ihn allerdings aushöhlen - ein Spaß für Kinder!

Heilwirkungen des Kürbisses

Die angenehm schmeckende Frucht macht nicht dick, sie hat viele Vitamine und wenig Kohlenhydrate. Der Kürbis eignet sich somit vorzüglich als Diätspeise und als Heilnahrung. **Magen-**, **Zucker-**, **Herz-** und **Rheumakranke** können von ihm profitieren. Man kann mit ihm eine richtige Kur machen, die sehr erfolgreich sein soll und bei **Nieren-** und **Blasenerkrankungen** nur empfohlen werden kann. Da alle gurkenverwandten Gewächse nierenwirksam und stuhlregulierend sind und so auch entgiftende Eigenschaften haben, ist eine Kürbiskur nach Pfarrer Kneipp ein hervorragendes Nierenmittel. Blutdrucksteigernde Darmgifte werden dabei entfernt und **Hämorrhoiden** und **Verstopfung** bekämpft.

Heilanwendungen

Kürbisfleisch wird in kleine Stücke geschnitten und mit reifen Tomaten und etwas Zwiebeln vorsichtig im Saft geschmort. Etwas Rahm oder Frischkäse kann zugefügt werden, aber bitte nicht salzen. Man soll diese Speise (auch püriert gut als Suppe) jeden Tag einmal essen, über einen längeren Zeitraum hinweg. Die Wirkung im Körper ist harnabsondernd und wasserreduzierend. Bei **Nieren-** und **Herzerkrankungen** mit **Wasseransammlungen** kann so geholfen werden.

Ein anderes Rezept: Man schneidet einige Pfund Kürbisse klein, kocht sie in Milch zart zu einem dicken Brei und isst ausschließlich diesen, ungesalzen, über den ganzen Tag verteilt. Diese Kürbistage sollte man öfter wiederholen. Das Wasser im Körper wird hiermit abgesondert. Nach Pfarrer Kneipp wirkt das Kürbisfleisch auch blutreinigend.

Darüber hinaus empfiehlt er Kürbiskerne, pulverisiert und mit Wermuttee gemischt, als erprobtes und ausgezeichnetes **Wurm**mittel, das sogar bei **Bandwürmern** wirkt. Man brüht oder kocht das Gemisch kurz auf und lässt es über Nacht stehen, gießt es dann ab, kocht es nochmals mit Wasser auf und lässt es eine weitere Stunde ziehen. Danach den Tag über langsam trinken.

Man kann die Kerne auch zerstampfen, nachdem man sie eingeweicht und geschält hat, verrührt sie dann mit etwas Milch zu einem Brei und isst diesen im Abstand von jeweils einer Stunde vier- bis fünfmal. Nach der Einnahme eines milden Abführmittels ist dann der Bandwurm mit großer Wahrscheinlichkeit ausgetrieben. Wenn nicht - oder falls einem diese Radikalkur nicht zusagt -, kann man auch zwei Wochen lang täglich 50 Gramm Kürbiskerne essen und diese Kur mit einem Abführmittel beenden.

Und wenn dies ebenfalls keinen Erfolg bringen sollte, gibt es noch die Möglichkeit, das Kürbiskernöl direkt einzunehmen, und zwar 30 Gramm auf einmal. So viel zur Wurmkur.

Bekannt ist die heilsame Wirkung der Kürbiskerne bei **Prostataleiden**. Kürbiskerne sind hier mittlerweile auch in der Schulmedizin anerkannt und werden oft bei einer **Schwäche** der **Prostata** verordnet. Täglich dreimal 1 Esslöffel Kürbiskerne soll hilfreich sein. Bei einer **Schwellung** oder **Vergrößerung** der **Prostata** wirken sie abschwellend.

Kürbisfleisch gekocht und in Milch zu einem Brei verarbeitet, hilft bei **Magenschleimhautentzündung**.

Frauen profitieren v. a. während einer Schwangerschaft vom Kürbis, da sich Kürbiskompott bei **Schwangerschaftserbrechen** sehr bewährt hat.

Äußerlich angewandt, stellt das Kürbiskernöl auch ein vorzügliches Wundmittel bei **Brandwunden** und **Erfrierungen** dar. Pfarrer Künzle legt das Fruchtfleisch, frisch und fein zermahlen, direkt auf die brennenden Wunden, **entzündeten Geschwüre** und **Krampfadern**.

Ein so genanntes Allheilmittel aus dem osteuropäisch-vorderasiatischen Raum ist der Kürbisschnaps. Er wird in der Hauptsache äußerlich angewandt. Zur Kühlung bei **entzündlich-fiebrigen Erkrankungen** etwa reibt man die Stirn damit ein. Auch bei **Grippe** und **Erkältungskopfschmerzen** hilft er auf diese Weise.

Selbst in der Kosmetik taucht der Kürbis auf. Sein Fleisch findet als Maske besonders bei **fetter Haut** häufig Anwendung.

Die grüne Bohne

Andere Gemüsesorten, wie Erbsen, Bohnen, Tomaten, Auberginen, sind ebenfalls sehr gesund und aufgrund ihres Vitaminreichtums und Mineralienwerts nicht mehr wegzudenken aus unserem Speiseplan. In medizinischer Hinsicht besonders interessant und erwähnenswert ist jedoch die grüne Bohne (Phascolus vulgaris).

Grüne Bohnen sind ein sehr beliebtes Gemüse. Auch sie enthalten natürlich wertvolle Mineralien und Vitamine. Man sollte sie jedoch nur gekocht verwenden, da sie in rohem Zustand Blausäure enthalten, also giftig sind (einzelne Arten). Diese Giftigkeit ist nach Klima und Gegend unterschiedlich; deshalb kocht man Bohnen stets, damit die Blausäure auch vollständig zerstört wird. Es gibt 500 verschiedene Bohnenarten. Einige unter ihnen, wie die türkische Bohne, sind so giftig, dass bereits der Verzehr von drei rohen Bohnen den Tod zur Folge hat. Grundsätzlich müssen diese Bohnen 3 Tage in mehrmals gewechseltem Wasser eingeweicht werden.

Heilwirkungen der Bohne

Zur Bohne gibt es erstaunlich viele Heilrezepte, die aus der Volksheilkunde stammen, und auch solche, die von Ärzten verordnet werden.

So soll beispielsweise der vielbekannte Bohnenschalentee großartig bei **Diabetes** wirken, da Bohnenschalen insulinähnlich wirkende Stoffe freisetzen.

Kochen Sie 1 Esslöffel Bohnenschalen pro Tasse kurz auf, lassen Sie ihn etwa 5 Minuten ziehen und trinken Sie ihn ohne Zucker.

Der Tee hat außerdem eine starke harnsäurehemmende Wirkung. Er kann sogar **Harnsteine** auflösen. Deshalb ist er bei allen **rheumatischen Erkrankungen** angezeigt, ebenso bei **Herzkrankheiten** und **Wasseransammlungen**.

Weitere Heilanwendungen

Wer sich einen Arm oder Fuß verstaucht hat, sollte einen Brei aus mit Milch gekochten Bohnen auflegen, und die **Schwellungen** werden rasch zurückgehen.

Auf seine »**schwärenden Finger** oder bei Wurm am Finger« (Pfarrer Künzle) lege man weich gekochte Bohnenhülsen, so warm, wie man es erträgt.

Mit Bohnenschalen kann man auch **Hautflechten** heilen. Hierzu werden getrocknete Bohnenschalen ganz fein gemahlen; das Bohnenmehl gebe man auf die kranken Hautstellen.

In einem Rezept des Gelehrten Matthiolus aus dem 15. Jahrhundert heißt es, dass Bohnen sogar bei **Taubheit** mit sicherem Erfolg helfen. Hierzu werden Bohnen gekocht und ohne die Brühe in eine Schüssel gelegt. Der Dampf soll in das betroffene Ohr ziehen und die Prozedur einige Tage wiederholt werden. Um welche spezielle Art von Ohrenerkrankung es sich hierbei handelt, hat Matthiolus uns leider nicht mitgeteilt.

In der Schönheitspflege werden, ebenso nach einem Rezept von Matthiolus, Bohnen ohne Schale an der Sonne getrocknet, zu Pulver zerrieben und mit Brunnenwasser vermischt. Abends wäscht man sich damit und die **Haut** wird klar und rein. Aber auch Bohnenblütenwasser ist ein reinigendes Gesichtstonikum.

Vielleicht bewährt sich das auch als Enthaarungsmittel, denn die Schelfen von Bohnen sollen es fertigbringen, »dass dort kein Haar mehr wächst, wo sie zerkleinert« auf die entsprechenden Stellen gelegt werden.

Bei einem **Kropf** soll man Bohnenmehl und Gerstenmalz, Alaun und Öl zusammen vermischt auflegen; öfters wiederholen.

Auch als **Augen**mittel werden in alten Schriften immer wieder Bohnen empfohlen, z. B. aufgelegt bei **Verletzungen** oder **Entzündungen**. In diesem Fall vermischt man Bohnenmehl mit Honig.

Bei **Entzündungen** der **Glieder** zerstoße man die Bohnen und lege sie auf die betroffene Stelle. **Geschwülste** der **Brust** und des **Unterleibs** kuriert man mit einem Wickel von Bohnenmehl, Milch und Öl. Oder man siede das Mehl in Wein und lege es, mit Öl gemischt, auf die kranke Stelle.

Sogar kranken Bäumen in unserem Garten bringen die Bohnenschalen Hilfe. Wenn nämlich die Blüten immer wieder abfallen, ohne Frucht zu bringen, dann lege man rings um die von der Erde befreiten Wurzeln in Wasser befruchtete Bohnenschelfen und schütte sie auch auf die Wurzeln.

Alle diese Rezepte beziehen sich auf den äußeren Gebrauch der Bohnen, innerlich angewandt sind sie in der Regel nicht so günstig. Ich möchte sogar allen Verdauungs-, Herz- oder Nierenkranken empfehlen, auf den Verzehr von Bohnengerichten lieber ganz zu verzichten (anders beim Bohnenschalentee). Auch Fieberkranke sollten sie nicht genießen, denn sie verstärken das Fieber, verursachen Blähungen und bilden Säuren. Bohnenkeimlinge, die sehr konzentriert Vitamine enthalten, werden dagegen besser vertragen, wenn man eine normale, gesunde Verdauung hat.

Die Artischocke

Die Artischocke kommt ursprünglich aus dem Mittelmeergebiet, ist aber heute auch in unseren heimischen Gemüsegärten gelegentlich zu finden. Sie ist ein die Leber und Galle unterstützendes Heilgemüse, dessen Wirkung auch in der Schulmedizin voll anerkannt ist.

Heilwirkungen der Artischocke

Die Artischocke (Cynava scolymus) wirkt besonders auf den Leberstoffwechsel. Menschen mit **Leberstörungen** und verminderter Lebertätigkeit leiden oft unter **Blähungen**, **Druckschmerzen** besonders im rechten Oberbauch, **Durchfall**, **Verstopfung**, **Darmstörung**, **Unwohlsein**, **Brechreiz** und **Schwindel**. Ein Artischockenextrakt regt hier die Gallenbildung an, regelt den Gallenfluss und hilft bei **gestörter Leber-** und **Gallenfunktion**. Daneben kann dieser Saft auch zur Entgiftungstätigkeit beitragen und **Stauungen** in diesen Bereichen regelrecht beheben. Auch Gallensteinpatienten sprechen günstig auf diese Behandlung an, die **Koliken** werden weniger heftig und seltener. Ein Artischockenaperitif ist auch ein empfehlenswerter Verdauungstrunk vor einem üppigen Essen.

Ein weiterer wichtiger Punkt ist die Senkung des Cholesterinspiegels im Blut und die Ausscheidung des freien Cholesterins aus dem Gewebe. Hier können mit Artischockensaft ganz erhebliche Erfolge erzielt werden. Sogar bei **Arteriosklerose** und **Gicht** ist er erfolgreich eingesetzt worden.

Da die Artischocke auch auf die Nerven positiv einwirkt, ist hier ebenfalls eine eindeutige Senkung **erhöhter Harnstoffwerte** beobachtet worden - und dies alles ohne Nebenwirkungen, denn Artischocken sind völlig giftfrei.

Durch ihren hohen Mangangehalt kann die Artischocke auch sehr gut bei **Vitamin-B1-Mangelerscheinungen**, **Zellstoffwechselstörungen** und **Fermentschwäche** eingesetzt werden.

Der Fenchel

Der Fenchel (Foeniculum azoricum) wird ebenfalls häufig in südlichen Ländern gegessen, ist aber auch bei uns recht beliebt. Man kann feine Gerichte mit ihm kochen und er ist sehr gesund.

Auch Hildegard von Bingen lobt den Fenchel sehr: »Fenchel roh gegessen schadet dem Menschen nicht, wie immer er ihn genießt ... er macht den Menschen fröhlich, eine gesunde schöne Farbe, einen angenehmen Geruch und gute Verdauung. Er mindert ›böse‹ Schleimstoffe und Fäulnisherde, vertilgt den **üblen Geruch** des **Atems** und macht seine Augen hell blinkend durch seine gute Wärme und edlen Kräfte.«

Hier sind knapp, einfach und verständlich die heilkräftigen Eigenschaften des Fenchels auf den Punkt gebracht.

Werden wir also erst gar nicht krank, sondern folgen wir dem Rat Hildegards: Essen wir Fenchel, kauen wir Fenchelkörner - und dies wird zu Frohsinn, gesunder Haut, frischem Atem, angenehmem Körperduft und guter Verdauung führen. Dies ist der Anfang aller Gesundung, denn Körper und Seele sollen miteinander harmonieren.

Heilwirkungen des Fenchels

Die Palette seiner Anwendungen ist recht breit: Er hat sich bewährt bei **Keuchhusten**, **Bronchialkatarrh**, **Darmblähungen**, **Asthma**, **Magen-Darm-Schwäche**. Auch in den **Wechseljahren** zeigt er seine Stärken.

Fenchel wirkt vor allem karminativ, d. h. blähungstreibend. So sind Kinder meist rasch und effektiv mit Fencheltee zu beruhigen, ebenso mit Fenchelhonig, was wohl jede Mutter oder jeder Vater bestätigen kann.

Auch bei **Hustenerkrankungen** aller Art wird er eingesetzt. Alles, was mit **Krämpfen** zu tun hat, spricht auf Fenchel an. Hier allerdings nimmt man nicht das Gemüse, sondern die Dolden der Pflanze. Bei **Kopfschmerzen** und **Verdauungsstörungen** ist er ebenso wirkungsvoll wie bei **Augenentzündungen**.

Ebenso ist der Fenchel ein ausgesprochen wirksames Heilmittel gegen **Flecken** in den **Augen**, **Beißen** und **Jucken**, bei **müden Augen**, **Blut** in den **Augen**, **Augenstarren** und **Nachtblindheit**.

Heilanwendungen

Da Fenchel besser als Kamille für die Augen geeignet ist, hier ein Mittel bei **Augenschmerzen**: 2 Teile Fenchelkraut, 1 Teil Eisenkraut, Mangold und Schöllkraut destillieren und in die Augen tröpfeln oder ein damit genetztes Tüchlein darüberlegen.

Gegen **Flecken** in den **Augen** wärme man eine Mischung von Fenchelsaft und Schöllwurzelsaft zu gleichen Teilen 20 Tage an der Sonne und reibe dann davon 1 Löffel um die Augen herum ein (wohlgemerkt: nicht in die Augen!).

Bei **getrübtem Augenlicht** Fenchelsaft mit Eisenkrautsaft vermischen, dann in die Augen geben, oder ein Tuch mit dem Saft tränken und auf die Augen legen.

Gegen **Blut** in den **Augen** (nach Stoß oder Schlag) nimmt man Fenchelsaft, der mit Aloe und ein wenig gepulvertem Kampfer zu einem Augenwasser erwärmt wird. Die Blutansammlung vergeht wieder.

Gegen **Jucken** und **Brennen** hilft eine Mischung aus Fenchelwurzel, Weinraute, Pfefferkümmel, Lorbeer und Rosenblättern, die zu gleichen Teilen in Weißwein gesotten und abgegossen werden. Hiermit soll drei- bis viermal täglich das Auge gebadet werden. Das **Tränen** der Augen wird gestillt.

Es kann auch gelindert werden, wenn man Fenchelwurzel mit Wasser und Olivenöl (zu gleichen Teilen) siedet, bis das Wasser verdampft ist; abgeseiht soll man die Augen außen damit salben.

Als ein weiteres Mittel gegen tränenfeuchte Augen zerstoße und zerreibe man eine Sellerieknolle und Fenchel (von Letzterem etwas mehr nehmen) zu einem saftigen Brei, diesen gebe man in reines Eiklar und binde die Mischung in einem Tüchlein über das Auge (immer nur ein Auge behandeln).

Nachtblindheit wird mit Fencheldolden und -samen gut behandelt, die in Wasser gekocht und als Dampfbad für die Augen angewandt werden (nicht heiß!).

Zur Gesunderhaltung der Augen gebe man grünen frischen Fenchel in ein irdenes Gefäß mit Regenwasser und lasse es 3 Tage stehen; damit jeden Morgen die Augen auswaschen.

Zu ihrer Stärkung können auch jeden Morgen Fenchelsamen gekaut und die Augenlider mit gekautem Fenchel bestrichen werden.

Viele weitere interessante Augenrezepte mit Fenchelknolle oder -samen sind beispielsweise in den Medizinbüchern der Hildegard v. Bingen zu finden.

Doch hat der Fenchel noch andere wichtige heilende Qualitäten.

Er ist ein vorzügliches Mittel bei **Ohrenentzündung** und **-vereiterung**. Mit Honig vermischter Fenchelsaft in die kranken Ohren geträufelt, reinigt und heilt diese.

Fenchelhonig (eine Mischung aus Fenchelsirup und Honig im Verhältnis 1:1), ein beliebtes Hustenmittel für Kinder, gibt es in jeder Drogerie zu kaufen. Den Sirup kann man aber auch selbst herstellen: Man nehme 100 g Fenchelfrüchte und zerquetsche sie. Man lasse sie in 1/2 Liter Wasser, angereichert mit 50 ml Weingeist, 24 Stunden stehen, dabei rühre man die Flüssigkeit öfter um. Man nehme dann 400 g davon und gebe 600 g Zucker hinzu. Durch Erhitzen wird der Zucker gelöst - der Fenchelsirup ist fertig.

Frauen, die beim Stillen **wunde Brüste** bekommen, sollten sich weich gekochte und zu Brei gedrückte Fenchelwurzeln warm auf die Brust streichen. Fenchel regt bei schwangeren Frauen bereits die Milchproduktion an. Nach der Geburt soll damit die Menstruation wieder reguliert werden können.

Ein Fenchelwickel kann **Magenschmerzen** vertreiben. Fenchel wird dabei so lange in Olivenöl und etwas Wein gekocht, bis der Wein sich verflüchtigt hat, dann wird abgeseiht, ein Tuch mit dem restlichen Öl getränkt und auf den Magen gelegt (noch einige Tropfen Fenchelöl, mit diesem Öl vermischt, fördern die Wirkung).

Fenchelsamen, in ein Säckchen getan und in Wein und Öl gekocht, dann abgetropft und auf den Magen gelegt, helfen schnell und kräftig, den Schmerz zu beseitigen.

Bei **Geschwülsten** verschiedenster Art, wie z. B. **Brustgeschwulst**, empfiehlt uns die Arzneikunst des Jacobus Theodorus Auflagen mit Fenchel, der weich gekocht, mit Schweineschmalz vermengt und wie ein Pflaster auf die kranke Stelle gelegt wird. Auch sei, besonders bei **Geschwülsten** im Genitalbereich, ein Trunk aus in Wein gesottenem Fenchel morgens und abends anzuraten.

Sicherlich handelt es sich bei einer Geschwulst unter Umständen um keine harmlose Erkrankung, deren Behandlung dann auch in die Hände eines Arztes gehört.

Wie schön ist es dennoch, wenn uns gerade die einfachen »Gemüsemittel« der Natur ergänzend zur ärztlichen Behandlung Hoffnung, Linderung oder sogar Heilung bringen können.

Erinnern wir uns Hildegards Satz zu Beginn dieses Kapitels. Jedes Gemüse hält seine ihm eigene »frohe Botschaft« bereit. Wir sollten sie annehmen und uns auf sie einlassen, um ein klein wenig mehr für unsere Seele und unseren Körper im Sinne einer harmonischen Lebensordnung zu tun.

Mit diesem Gedanken möchte ich die Gemüseapotheke schließen. Ich habe versucht, einen anschaulichen Überblick über wichtige Heilwirkungen bekannter Gemüsesorten zu geben. Ich möchte jedoch betonen, dass dieses Buch natürlich keinen Arzt oder Heilpraktiker ersetzen kann. Es ist als hilfreiche Unterstützung und eigenverantwortliche Maßnahme gedacht. In diesem Sinne kann ich die Gemüseapotheke sehr empfehlen. In vielen Fällen wurden ernsthafte Erkrankungen durch die Anwendung von Pflanzen und Gemüse geheilt, aber eine ärztliche Diagnose und Behandlung darf auf keinen Fall unterlassen werden.

Teil III

Mensch, Umwelt und Natur

Gifte im Gemüse

Etwa die Hälfte der Fläche Deutschlands ist bewirtschaftetes Agrarland. Jährlich kommen in der Landwirtschaft etwa 30.000 Tonnen Pestizide zum Einsatz, darunter Mittel, die im Verdacht stehen, Krebs zu verursachen oder Zellen und Gehirn zu schädigen. Man findet Rückstände von Herbiziden, Pestiziden und Insektiziden im Grundwasser, sie scheinen auch verantwortlich für Bienen-, Insekten- und Vogelsterben zu sein. Sie landen in den Nahrungsmitteln, die wir täglich zu uns nehmen, und immer wieder hören wir von Testungen stark belasteter Lebensmittel. Allein in Deutschland gibt es 650 verschiedene als chemisch-synthetische Pflanzenschutzmittel zugelassene Wirkstoffe (Stand 2019). Einer der bekanntesten ist Glyphosat, ein Herbizid zur Unkrautbekämpfung, das von der Internationalen Agentur für Krebsforschung (IARC) 2015 als »wahrscheinlich krebserregend« eingestuft wurde, jedoch vorerst bis 2022 ungehindert zum Einsatz kommen darf.

Glyphosat tötet das Unkraut ab, ohne jedoch die Kulturen abzutöten. Dabei entzieht es den Kulturen den Mikronährstoff Mangan, den unser Körper bei der Aufrechterhaltung vieler Funktionen benötigt. Ein Absinken des Manganspiegels im Körper wird nun mit vielen Krankheiten in Verbindung gebracht, wie **Leberschädigungen**, **Gicht**, **Arthritis**, **Parkinson**, **Autoimmunerkrankungen**, hohen **Entzündung**saktivitäten im Gehirn und noch einigen mehr.

All diese Dinge sind schon seit vielen Jahren bekannt. Es geht aber hier grundsätzlich um die Art und Weise, wie wir mit den Pflanzen im Speziellen und der Natur im Allgemeinen umgehen.

Ich möchte ein Beispiel nennen, wie der Natur in der Agrarwirtschaft Gewalt angetan wird: Im konventionellen Kartoffelanbau wird - neben Kunstdüngern und Pflanzenschutzmitteln - auch das Entlaubungsmittel Diquat gespritzt, und zwar mehrfach in mehrtägigem Abstand. Diquat blockiert die Photosynthese, als Folge davon sterben alle oberirdischen Pflanzenteile ab. Warum kommt dieses Mittel zum Einsatz? Weil der Handel es so will: Kartoffeln müssen die Vorgaben des Handels erfüllen, was Schalenfestigkeit, Form, Größe und längere Haltbarkeit betrifft.

Wer denkt denn an so etwas, wenn die Kartoffeln, das Obst und Gemüse im Supermarkt besonders schön gleichmäßig und verlockend aussehen? Wir kaufen psychologisch ein. Nur die glattesten Obst- und Gemüsesorten werden in der Regel gekauft, und gerade die sind am stärksten chemisch behandelt, in ihrer Qualität gemindert und regelrecht gesundheitsschädlich durch die Rückstände an Pflanzenschutz- und Konservierungsmittel.

Diquat nun reichert sich im Boden an und es besteht der Verdacht, dass es für Wasserorganismen und Vögel hochgiftig ist, da es die **Nerven** zu schädigen scheint. Auch ist die Aufnahme über Nase und Lunge beim Spritzen mit Sicherheit nicht gerade gesund.

Ein derart behandeltes Kartoffelfeld ist ein trauriger Anblick: der Boden vergiftet, die oberirdischen Pflanzenteile leblos und grau. Zu allem Überfluss werden dann die geernteten Kartoffeln einer weiteren Giftprozedur unterworfen, damit sie ohne Schaden gelagert werden können!

Ein weiteres abschreckendes Beispiel: konventioneller Tomatenanbau. Fruchtige-leckere Kirschtomaten im Winter? Kein Problem, der Massenanbau in chemisch keimfrei gemachten Gewächshausfarmen auf Sizilien macht es möglich. Hier wird gespritzt, was das Zeug hält, auch hier die Böden belastet, das Grundwasser verunreinigt. Diese Tomatenplantagen zerstören die Landschaft, die chemisch keimfrei gemachten Plastikabdeckungen dieser Plantagen werden achtlos in der Landschaft liegen gelassen, verseuchen Boden und Flüsse, vergiften Wildkaninchen. Das natürliche Gleichgewicht ist dramatisch gestört. Teilweise werden hier Pestizide eingesetzt, die in Deutschland verboten sind. Und dennoch kommt das alles auf unseren Tisch - weil wir es so wollen?!

Apropos Gemüse aus dem Treibhaus: Treibhausgemüse weist lange nicht den Gehalt an Vitaminen und Nährstoffen wie Freilandgemüse auf. Auch hier wird selbstredend gespritzt, natürlich mit Pilzbekämpfungs-, Unkraut- und Insektenvernichtungsmitteln. Und diese Gifte werden in der Treibhausatmosphäre noch weniger abgebaut, da natürliche Abbauhilfen wie Sonne und Nässe keinen Einfluss mehr haben. So kann z. B. der Kopfsalat dadurch, dass jedes einzelne Salatblatt die Gifte aufnimmt, zu einer regelrechten Giftquelle werden. Denken wir an so etwas, wenn wir im Supermarkt vor dem frisch und gesund aussehenden Salatkopf stehen?

Wir erfahren zwar, woher das Gemüse stammt, aber wie es behandelt und wo es angebaut wird, erfahren wir nicht. Wird es neben einer Hauptstraße geerntet? Wie steht es mit der Verunreinigung durch die Luft, z. B. durch Blei? Andere Schwermetalle, wie Kadmium oder Quecksilber, die im Grundwasser oder im Boden gespeichert werden und zum Teil gar nicht abbaubar sind, können das Gemüse noch stärker belasten. Würden die Schadstoffe im Gemüse bunt leuchten - niemand würde wohl davon essen wollen.

Deshalb ist es das Gebot der Stunde, dem ganzen Treiben einen Riegel vorzuschieben und es nicht weiter zuzulassen, dass wir uns immer weiter vergiften und die Umwelt immer mehr zerstören.

Solange jedoch Landwirte ihre Hände in Unschuld waschen, Herren der Industrie nicht verstehen wollen und nur an Gewinnmaximierung interessiert sind und Politiker und Verbraucher als Sand im Getriebe nicht bremsen, solange vergiften wir uns weiter. Biologisch angebautes Gemüse ist zwar mittlerweile schon recht weit verbreitet, aber das reicht noch lange nicht aus. Umweltzerstörung und Klimawandel haben mittlerweile existenziell bedrohliche Dimensionen angenommen. Wer übernimmt die Verantwortung hierfür?

Das Düngemittel Nitrat

Nitrat kommt in mehreren Gemüsearten von Natur aus vor, hauptsächlich in den Blattgemüsen. Nitratwerte in den Pflanzen werden durch Stickstoffdüngungen und Nitratzusätze künstlich noch erheblich erhöht. Nitratdüngung veranlasst die Pflanzen, mehr Wasser aufzunehmen und so größer und schwerer zu werden. Durch Bakterien werden die Nitrate in Nitrit umgewandelt. Nitrit aber ist ein sehr starkes Zellgift, das im Körper zu Nitrosaminen umgewandelt wird, und diese sind nachweislich krebserregend und zellschädigend.

Natürlich gelangen Nitrate durch das Grundwasser auch in unseren Wasserkreislauf, und die Nitratverseuchung nimmt so erheblich zu, selbst Mineralwasser ist davon nicht frei.

Gerade für Babys und Kleinkinder wäre es empfehlenswert, das Wasser auf seinen Nitrat-/Nitritgehalt hin untersuchen zu lassen, Spinat im ersten Jahr ganz zu meiden und Gemüse nur aus biologischem Anbau zu verwenden. Das kostet sicherlich mehr, zahlt sich aber doch aus. Sie erkundigen sich am besten nach einem Biobauern in Ihrer Nähe, der Gemüse, Kartoffeln und Getreide aus kontrolliert ökologischem Anbau und evtl. auch Fleisch aus artgerechter Tierhaltung verkauft.

Mit Nitrat ist also nicht zu spaßen, besonders in den Wintermonaten, wo sich die Werte um das Mehrfache steigern. Deshalb sollte der Verbraucher im Winter besonders auf gesunde Ernährung achten.

Vitamin C (Ascorbinsäure) kann uns allerdings vor giftigen Nitriten schützen und die Umwandlung von Nitrat in Nitrit teilweise verhindern. Auch die Brennnessel, die ich schon im Kapitel über den Spinat erwähnt habe, ist hierzu in der Lage.

Deshalb sollten wir dem Gemüse und dem Salat Zitronensaft beifügen und einen Brennnesseltee dazu trinken. Das bereichert zum einen den Geschmack und unterstützt zusätzlich die Gesundheit.

In Deutschland gibt es ein Pflanzenschutzmittelverzeichnis beim Bundesamt für Verbraucherschutz und Lebensmittelsicherheit, worin rund 1500 verschiedene anerkannte Mittel mit etwa 200 unterschiedlichen Wirkstoffen aufgelistet sind (Stand Januar 2020). Viele der in diesen Mitteln enthaltenen Giftstoffe verbleiben in den Böden, werden also auch nicht biologisch abgebaut. So ist die ganze Umwelt durch ihre verschiedenen Kreislaufsysteme davon betroffen: Menschen, Tiere, Wasser, Erde - und ein Teilsystem gibt das Gift an das andere weiter. Da zudem viele Schädlinge resistent gegen das eine oder andere Spritzmittel geworden sind, werden immer höhere Dosen eingesetzt und neue Gifte entwickelt.

Wie können wir uns davor schützen?

Zum einen sollten wir natürlich Salat und Gemüse immer gründlich waschen und abtrocknen und Obst und Gurken schälen. Kaufen Sie in Ihrem gesundheitlichen Interesse nur biologisch angebautes und saisonales, öfters auch einheimisches Gemüse. Die äußeren Blätter oder Schalen von Gemüse sollten Sie grundsätzlich entfernen. Meiden Sie Konservengemüse! Es empfiehlt sich, besonders Blattgemüse nicht mehr aufzuwärmen. Würzen Sie das Gemüse möglichst mit frischen Kräutern und nehmen Sie natürliches Vitamin C zu sich.

Ein persönliches Schlusswort

Mit Recht fragen wir uns, wie unser Körper mit so viel Umweltbelastung fertig werden soll, die wir uns selbst geschaffen haben. Kein Stückchen Erde ist noch völlig unbelastet: Selbst im Packeis des Nordpols werden Schadstoffe gefunden. Gesundheitsrisiken durch die Verseuchung von Grundwasser, Luft und Boden - wem ist dies nicht alles bekannt, und noch immer halten viele von uns die Augen zu, als gäbe es nichts von alledem.

Meere, in denen Unmengen an Plastik gefunden werden, Gewässer, die umkippen, Radioaktivität, die Äcker, Wiesen und Wälder verseucht, Abgase, Schadstoffe, Pestizide - alles verursacht gesundheitliche Störungen bis hin zu lebensgefährlichen Erkrankungen und beeinträchtigt in fortschreitendem Maße unsere Lebensqualität.

Unser menschlicher Organismus ist nur begrenzt belastbar, und wir schaden uns selbst mit jeder Handlung, mit der wir die Erde beschädigen und ihre naturgegebenen Gesetze verletzen. Wir sollten uns nicht als die absoluten Herrscher dieser Welt aufspielen! Wir verarmen hoffnungslos, wenn wir nur noch außerhalb dieser naturgegebenen Gesetzmäßigkeiten und gegen sie leben. Denn überall, durch alle Lebensbereiche zieht sich der Faden einer höheren Ordnung.

Schützen wir unsere Umwelt, unsere Erde und schaufeln wir nicht weiter an unserem eigenen Grab, sondern handeln wir zu unserem Wohl und Wohlbefinden. Tun wir etwas zur Vorbeugung, zur Harmonisierung unserer Lebenskräfte, zur Heilung all der kleineren und größeren Gebrechen, vielleicht auch zur überraschenden Heilung so mancher therapieresistenten Erkrankung (das hat es schon mehr als einmal gegeben).

Erhoffen wir keine Wunder von einem auf den anderen Tag. Vertrauen wir den Kräften der Erde, der Luft, des Wassers und des Feuers. Hat nicht jedes einzelne Salatblatt Anteil an diesen Kräften? Vertrauen wir unserer eigenen Heilkraft, unserer Lebenskraft. Vertrauen wir ihr und glauben wir an sie, die alles umschließt, und die in allem, was wir auf Erden wahrnehmen, zu spüren und zu finden ist. Wir erfahren diese Kraft, wenn wir an Gesundung und Gesundheit glauben statt an Krankheit, wenn wir an Ordnung denken statt an Chaos, an Freude statt an Leid.

Entspannen wir uns und kommen wir mal innerlich zur Ruhe, gehen wir in den Garten oder in die Natur und sehen einer Apfelbaumknospe zu, wie sie sich öffnet, oder einem Salatpflänzchen, wenn es die ersten Blätter aus der Erde schiebt. Welche Hoffnung, welche Freude, welche Kraft, welche Ästhetik ist hier zu spüren! Sind das nicht genau die Dinge, die wir brauchen, um gesund zu werden und es auch zu bleiben?

Vielleicht konnten Sie Anregung und Interesse finden, um das eine oder andere Rezept aus meiner Gemüseapotheke zu erproben. Ich möchte Sie darin nur ermutigen.

Mögen Ihnen die Gemüseanwendungen dabei helfen, neue Hoffnung, Besserung oder Heilung zu erfahren. Ich wünsche Ihnen viel Erfolg.

Literatur

Kurt Allgeier, *Die geheimen Heilrezepte des Nostradamus,* München 1982

U. Bühring/B. Bächle-Helde, Heilkraft von Obst und Gemüse, Stuttgart 2017

Camille Droz, *Von den wunderbaren Heilwirkungen des Kohlblatts.* 17. Auflage, Genf , o.J.

James Duke, Heilende Nahrungsmittel, München 2010

Diether Ennet, *Lexikon der Arzneipflanzen, Gifte und Drogen,* Leipzig 1988

The Greek Herbal of Dioscorides, Faksimile, London/New York 1968

Albert Hauser, *Bauernregeln,* Zürich/München 1973

Hugo Hertwig, *Knaurs Heilpflanzenbuch,* München 1969

Gottfried Herzka, Dr. Wighard Strehlow, *Die große Hildegard-Apotheke,* Freiburg i. Breisgau 1989

O. v. Hovorka/A. Kronfeld, *Vergleichende Volksmedizin,* Bd. 1, Stuttgart 1908

Pfarrer Künzle, *Das große Kräuterheilbuch,* Olten 1945

Wolfgang May, *Die Heilkräfte in unserer Nahrung,* Regensburg 1989

Maurice Messegue, *Das Gesetz der Natur,* München 1977

Erich Müller/Helmut Sauer, *Volksmedizinisches Hausbuch,* Wiesbaden 1985

K. Oberbeil/Chr. Lenz, Obst und Gemüse als Medizin. 1. Auflage, München 2002

Mannfried Pahlow, *Das große Buch der Heilpflanzen,* München 1987

Paracelsus Werke, Bd. 1, Medizinische Schriften, besorgt von Will-Erich Peukert, Basel/Stuttgart 1965

Helmut Posch, *Was ist Hildegard-Medizin?* St. Georgen 1983

Ulrich Rückert, *Vitamine und Mineralstoffe,* München 1985

E. Schneider, *Nutze die Heilkraft unserer Nahrung,* 2 Bde., Hamburg 1985

Wolf-Dieter Storl, Bekannte und vergessene Gemüse, Aarau 2012

Wolf-Dieter Storl, *Vom rechten Umgang mit heilenden Pflanzen,* Freiburg i. Breisgau 1986

Anthony William, Medical Food, München 2017

Jacobus Theodorus Tabernaemontanus, *Kräuterbuch,* Offenbach a. Main 1731

Die Autorin

Sitha Werdin, aufgewachsen zwischen Wiesen, Wäldern und Seen, erlernte schon in frühen Jahren den Umgang mit Heilanwendungen aus dem eigenen Gemüsegarten der Familie, mit Heilkräutern, Bäumen, Beeren und anderen Pflanzen.

Ihre Großmutter war eine erfolgreiche Heilerin in Westpreußen. Sie verfügte über eine große Einfühlungsgabe für Pflanzen und hatte große naturheilkundliche Kenntnisse, die sie in Vielem ihrer Enkelin vermachte.

In der »Gemüse-Apotheke« trägt Sitha Werdin viele Rezepte ihrer Großmutter, Heilrezepte alter naturheilkundiger Ärzte, wie z. B. Dioskurides, Nostradamus oder Kneipp, und aus der »Volksmedizin« zusammen, um dieses wertvolle Wissen am Leben zu erhalten und dessen Anwendungen weiterzugeben.

Register der Krankheiten